OXFORDBURY
PUBLISHING

Das Content Marketing Buch

Dennis Böhm MBA

https://das-content-marketing-buch.de

Impressum

Bibliografische Information der Deutschen Nationalbibliothek:
Die Deutsche Nationalbibliothek verzeichnet diese Publikation in der Deutschen Nationalbibliografie; detaillierte bibliografische Daten sind im Internet über http://dnb.dnb.de abrufbar.

https://das-content-marketing-buch.de

OXFORDBURY
PUBLISHING

Verlagslabel: Oxfordbury Publishing
https://oxfordbury.de, https://oxfordbury.co.uk

ISBN Softcover: 978-3-347-78691-2
ISBN Hardcover: 978-3-347-78693-6

Druck und Distribution im Auftrag des Autors:
tredition GmbH, An der Strusbek 10, 22926 Ahrensburg, Germany

1. Auflage, 2022

Inhalt

Vorwort

Content Marketing ist ein immer beliebterer und effektiverer Weg, um ein Zielpublikum zu erreichen und das Engagement zu steigern. Da sich immer mehr Unternehmen diesem schnell wachsenden Trend anschließen, kann es schwierig sein, zu wissen, wo man anfangen soll oder wie man das Beste aus den verfügbaren Ressourcen und Strategien macht.

Dieses Buch bietet einen umfassenden Überblick über Content Marketing, von der Definition der Grundlagen und dem Aufbau einer Content-Strategie bis hin zur Auswahl der richtigen Plattformen und Taktiken, um Ihr Zielpublikum zu erreichen. Ganz gleich, ob Sie gerade erst anfangen oder nach Möglichkeiten suchen, Ihre bestehenden Bemühungen auf die nächste Stufe zu heben, dieses Buch bietet wertvolle Einblicke und praktische Ratschläge, die Ihnen helfen werden, in der wettbewerbsintensiven digitalen Landschaft von heute erfolgreich zu sein.

Wenn Sie also lernen möchten, wie Sie überzeugende Inhalte erstellen, die bei Ihrem Publikum Anklang finden und zu Ergebnissen führen, dann ist dieses Buch genau das Richtige für Sie. Ich empfehle es als wertvolle Ressource für jeden, der seine Content-Marketing-Strategie verbessern und seinen ROI steigern möchte.

Was ist Content Marketing?

Hatten Sie schon einmal eine Frage zu einem Thema und sind nach einer kurzen Suche auf einem Blogartikel oder YouTube-Video eines Experten auf dem jeweiligen Gebiet gelandet? Das war Content Marketing. Und es ist ein großartiger Weg, um auf Ihr Unternehmen aufmerksam zu machen, potenzielle Kunden zu gewinnen und sich als Experte auf Ihrem Gebiet zu etablieren. Selbst wenn Ihnen als Arzt oder Anwalt die Hände gebunden sind, was klassische Werbung angeht.

Einfach ausgedrückt ist Content Marketing eine Art des Marketings, bei der es darum geht, für Ihre Zielgruppe relevante Inhalte zu erstellen und zu verbreiten, um deren Aufmerksamkeit zu erregen und zu bewahren. Durch die Erstellung hochwertiger Inhalte können Sie die Sichtbarkeit und Glaubwürdigkeit Ihrer Marke verbessern und Stück für Stück das Vertrauen von Interessenten gewinnen. Viele dieser Menschen werden früher oder später bei Ihnen kaufen oder Sie anderweitig unterstützen. Warum? Weil sie Sie mögen und wissen, dass Sie kompetent sind.

Die Vorteile von Content Marketing

Der Zweck von Content Marketing ist der Aufbau einer Beziehung zu Ihrem Zielpublikum. Indem Sie wertvolle Inhalte bereitstellen, können Sie Vertrauen und Glaubwürdigkeit bei

Ihrem Publikum aufbauen, was langfristig zu mehr Umsatz und Loyalität führen kann. Anstatt nur zu behaupten, dass Sie, Ihr Unternehmen, Ihre Dienstleistung oder Produkt etwas können, zeigen Sie es den Interessenten ganz einfach.

Content Marketing ist eine langfristige Strategie. Daher ist es wichtig, dass Sie ausreichend Zeit einplanen und den Aufwand realistisch einschätzen. Zudem sollten Sie sicherstellen, dass Sie qualitativ hochwertige Inhalte erstellen, die für Ihr Publikum auch in den kommenden Monaten oder sogar Jahren noch relevant sein werden.

Wenn es um die Erstellung von Inhalten geht, ist Qualität wichtiger als Quantität. Es ist besser, jeden Monat ein paar qualitativ hochwertige Inhalte zu veröffentlichen, als eine große Anzahl von Artikeln minderer Qualität zu produzieren.

Vergessen Sie nicht, dass es Ihr Ziel ist, die Aufmerksamkeit Ihres Publikums zu gewinnen und zu halten. Stellen Sie also sicher, dass Ihre Inhalte ansprechend, informativ und wertvoll sind.

Wenn Sie kein guter Autor sind oder keine Zeit haben, selbst Inhalte zu erstellen, können Sie einen freiberuflichen Autor oder eine Content-Marketing-Agentur mit der Erstellung beauftragen. Stellen Sie nur sicher, dass Sie das Endprodukt vor der Veröffentlichung überprüfen, um sicherzustellen, dass es Ihren Anforderungen entspricht.

Wenn Sie bereit sind, mit dem Content Marketing zu beginnen, nehmen Sie sich etwas Zeit, um eine Strategie zu entwickeln und einen Content-Kalender zu erstellen. Beginnen Sie dann mit der Erstellung hochwertiger Inhalte, die Ihnen helfen werden, Ihre Geschäftsziele zu erreichen.

Überlegen Sie auch, welche Vorteile Content Marketing Ihrem Unternehmen zusätzlich zu den oben genannten allgemeinen Aspekten bringen könnte. Wenn Sie beispielsweise Produkte oder Dienstleistungen online verkaufen, kann Content Marketing Ihnen helfen, die Besucherzahlen auf Ihrer Website zu erhöhen und den Umsatz zu steigern. Wenn Sie ein stationäres Geschäft haben, kann Content Marketing Ihnen helfen, Kunden in Ihr Ladenlokal oder Büro zu locken. Wenn Sie aufgrund von Standesrecht nur begrenzte Werbemöglichkeiten haben, z.B. als Arzt oder Anwalt, können Sie mit Content Marketing dennoch Ihre Zielgruppe erreichen und so einen nie versiegenden Fluss neuer Klienten erzeugen.

Was ist Content Marketing nicht?

Content Marketing sollte nicht mit Werbung verwechselt werden. Bei Werbung geht es darum, dem Verbraucher Ihr Produkt oder Ihre Dienstleistung schmackhaft zu machen. Content Marketing dreht sich hingegen um einen echten Mehrwert für Ihr Publikum.

Dies kann durch die Weitergabe von Tipps, Ratschlägen oder einfach durch die Bereitstellung nützlicher Informationen geschehen, die das Zielpublikum gut gebrauchen kann.

Und so funktioniert es: Mit Content Marketing etablieren Sie sich als vertrauenswürdige Informationsquelle für Ihr Zielpublikum. Wenn Ihre potenziellen Kunden dann bereit sind, ein Produkt oder eine Dienstleistung zu kaufen, werden sie sich an Sie erinnern und eher bereit sein, bei Ihnen zu kaufen, weil sie Sie kennen und Ihnen vertrauen.

Stellen Sie sich den Archetypen eines zwielichtigen Gebrauchtwagenhändlers vor, der nur daran interessiert ist, Ihnen ein Auto zu verkaufen, und der alles behaupten würde, um Sie zum Kauf zu bewegen. Und jetzt stellen Sie sich einen Content-Marketer vor, der Ihnen Tipps gibt, worauf Sie beim Autokauf achten sollten. Und der versucht, Ihnen zu helfen, indem er Ihnen alle Informationen über verschiedene Autos, ihre Preise, ihre Vor- und Nachteile und so weiter zusammenträgt. Von welchem Anbieter würden Sie lieber Ihr Auto kaufen?

Und genau das ist der Unterschied zwischen Content Marketing und Werbung. Beim Content Marketing bieten Sie dem Verbraucher zunächst einen Mehrwert und hoffen dann, dass er später bei Ihnen kauft. Bei der Werbung versuchen Sie, dem Kunden sofort ein Produkt oder eine Dienstleistung zu verkaufen, ohne ihm - von Ihren eigenen Interessen abgesehen -

einen echten Mehrwert zu bieten. Und die Menschen wissen genau, was Unternehmen mit Werbung bezwecken wollen. Deshalb trauen die meisten Menschen der Werbung nicht und ignorieren sie lieber oder verwenden direkt einen Werbeblocker, wenn sie im Internet unterwegs sind.

Zusammenfassend lässt sich also sagen, dass Content Marketing eine Form des Marketings ist, bei der es darum geht, hochwertige Inhalte zu erstellen und weiterzugeben, um Ihr Zielpublikum zu begeistern und an sich zu binden. Es ist eine langfristige Strategie, mit der Sie Vertrauen und Glaubwürdigkeit bei Ihrem Publikum aufbauen können, was auf Dauer zu mehr Umsatz und einer höheren Kundentreue führen kann.

Content Marketing kann in jeder Branche und von jeder Art von Unternehmen eingesetzt werden, ob groß oder klein. Und es ist eine wunderbare Möglichkeit, Ihre Zielgruppe zu erreichen, ohne das Budget zu sprengen. Dabei bietet es so viel mehr Möglichkeiten als Werbung. Wenn Sie also noch nicht mit Content Marketing arbeiten, worauf warten Sie noch? Fangen Sie noch heute an und überzeugen Sie sich selbst von den Vorteilen!

Wie viel Zeit werden Sie investieren müssen?

Dies ist die größte Sorge, die ich von Geschäftsinhabern höre, wenn es um Content Marketing geht. Viele denken, sie müssten jeden Tag Blogbeiträge, Artikel, Videos, Podcasts und alle möglichen anderen Inhalte produzieren. Und wenn sie mit diesem Tempo nicht mithalten können, denken sie, dass etwas falsch läuft.

Die Wahrheit ist jedoch, dass Sie nicht ständig neue Inhalte produzieren müssen, um Ergebnisse zu erzielen. Tatsächlich veröffentlichen die meisten erfolgreichen Content-Vermarkter nur ein- oder zweimal pro Woche neue Inhalte. Und sie verbringen nicht Stunden über Stunden mit der Erstellung dieser Inhalte. Sie behandeln sie wie jede andere geschäftliche Aufgabe und nehmen sich eine gewisse Zeit dafür.

Wie viel Zeit sollten Sie also in Content Marketing investieren? Das hängt von Ihren Zielen ab und davon, wie viel Zeit Sie zur Verfügung haben. Wenn Sie gerade erst anfangen, empfehle ich Ihnen, ein bis zwei Inhalte pro Woche zu erstellen.

Wenn Sie erste Ergebnisse sehen, können Sie Ihren Output und Ihre Werbemaßnahmen schrittweise erhöhen. Aber vergessen Sie die Vorstellung, dass Sie wie am Fließband neue Inhalte produzieren müssen, sonst werden Sie rasch ausgebrannt sein. Und das ist nicht Sinn der Übung. Qualität ist ausnahmslos wichtiger als Quantität, wenn es um Content Marketing geht.

Einige Anregungen

Nehmen wir an, Sie sind Anwalt, dann könnten Sie in Ihrem Blog Artikel anbieten, die sich um Themen drehen, die vielen Menschen unter den Fingernägeln brennen. Darf die Polizei bei einer Verkehrskontrolle mein Auto durchsuchen? Der Inhalt meiner Website wurde plagiiert, was soll ich tun? Was benötige ich, um mein eigenes Kosmetik-Produkt auf den Markt zu bringen? Jeder einzelne dieser Artikel würde Interessenten anlocken, die eventuell zu Klienten werden.

Wenn Sie Mediziner sind, könnten Sie damit beginnen, in Ihrem Blog oder in einer Videoserie Verfahren oder medizinische Bedingungen in Laiensprache zu erklären. Sie können auch Tipps zur Gesunderhaltung geben, Ratschläge zu häufigen Krankheiten geben und mit Mythen über Gesundheit und Medizin aufräumen. Besonders wenn Sie ein Spezialist in einem bestimmten Gebiet sind, würde sich Content Marketing natürlich anbieten, da es bundesweit Patienten anlocken würde. Aber auch bei einem regionalen Einzugsgebiet sorgt Content Marketing für Nahbarkeit und Vertrauen.

Wenn Sie Webdesigner sind, könnten Sie eine Reihe von Tutorials zur Verwendung verschiedener Designsoftware oder zur Programmierung in HTML erstellen. Sie können auch Tipps zu Designprinzipien, Benutzerfreundlichkeit und Trends in der Webentwicklung geben. Und gleichzeitig anbieten, diese schwierigen Fragestellungen bei der Beauftragung für Ihre potenziellen Kunden direkt zu übernehmen. Oder Sie sprechen kleinere Unternehmen an, die noch keine Website haben. In diesem Fall könnten sich Ihr Content darum drehen, warum es sich auch für Inhaber von kleinen, lokalen Ladengeschäften lohnen kann, eine Webpräsenz zu haben, wie man davon profitiert, wie man sie pflegt und für neue Kunden im Ladenlokal sorgt.

Als Fotograf, könnten Sie einen Blog starten, um Tipps zu Komposition, Beleuchtung und Nachbearbeitung von Fotos zu geben. Idealerweise würden Sie dann natürlich auch einen Service oder ein Produkt für all die Interessenten aus ganz Deutschland im Angebot haben. Arbeiten Sie nur regional, könnten Sie mit Content zu einem lukrativen Thema punkten. Sie könnten erklären, worauf man bei der Auswahl einer Hochzeitsfotografen in Berlin achten sollte. Oder was ein professionelles Bewerbungsfoto in Dortmund von selbstgemachten unterscheidet.

Wenn Sie Klempner sind, könnten Sie über die verschiedenen Arten von Sanitärarmaturen und -materialien schreiben oder darüber, wie man einen verstopften Abfluss repariert. Sie können auch Tipps zur Vorbeugung von Klempnerproblemen geben und wie man einen guten Klempner findet. Für den regionalen Bezug, müssten Sie Ihren Content, gleich wie der Fotograf, lediglich auf die Region beziehen, in der Sie tätig sind.

Ein Steuerberater könnte ein Buch schreiben, in dem frischen Unternehmensgründern leicht verständlich erklärt wird, wie man die Steuern zu Beginn selbst machen kann. Oder überhaupt, wie das ganze System funktioniert. Insbesondere, wenn man seine Dienste auch online anbietet, würde sich so eine Fülle an neuen Klienten ergeben. Denn natürlich würde eine Vielzahl der Existenzgründer genau diesen Steuerberater beauftragen.

Die Möglichkeiten sind endlos, aber das Wichtigste ist, dass Sie nützliche Inhalte anbieten, die für Ihr Zielpublikum relevant sind. Und scheuen Sie sich nicht, zu experimentieren! Sie wissen nie, was bei Ihrem Publikum Anklang finden und Ihnen helfen könnte, Ihre Ziele zu erreichen.

Warum sollten Sie mit Content Marketing beginnen?

Sie sind noch nicht überzeugt? Dann sind hier 4 Gründe, warum Sie mit Content Marketing beginnen sollten, um Ihr Unternehmen zu fördern:

1. Es ist preisgünstig
Content Marketing ist eine der kosteneffektivsten Marketingstrategien, die es gibt. Sie können mit sehr wenig Geld beginnen und schon bald Ergebnisse sehen. Und wenn Ihr Unternehmen wächst, können Sie Ihre

Content-Marketing-Bemühungen an Ihr Budget anpassen. Bedenken Sie, dass Sie im Rahmen von Content Marketing langfristig Ihre Marke aufbauen und es auch ein Teil der Neukundenakquise ist. Wer weiß, wie viel Markenaufbau über bezahlte Werbekanäle kostet, wird sich ohne zu zögern für das Content Marketing entscheiden.

2. Es ist wirkungsvoll
Content Marketing ist eine unglaublich effektive Methode, um Ihre Zielgruppe zu erreichen und Ihre Marketingziele zu verwirklichen. Durch die Erstellung hochwertiger Inhalte können Sie die Sichtbarkeit, Glaubwürdigkeit und Autorität Ihrer Marke verbessern. Außerdem können Sie die Besucherzahlen auf Ihrer Website oder Ihrem Blog erhöhen und Leads und Verkäufe generieren.

3. Es ist flexibel
Content Marketing ist eine sehr flexible Marketingstrategie. Sie können Ihre Inhalte auf Ihre Marke und Ihr Publikum zuschneiden. Sie können auch mit verschiedenen Arten von Inhalten experimentieren (z.B. Blogbeiträge, Videos oder Infografiken), um herauszufinden, was für Sie am besten funktioniert.

4. Es macht Spaß!
Content Marketing kann tatsächlich ziemlich viel Spaß machen. Wenn Sie gerne schreiben, fotografieren oder Videos

produzieren, dann werden Sie wahrscheinlich auch gerne Inhalte für Ihr Unternehmen erstellen. Und wenn Ihnen Ihr Unternehmen am Herzen liegt, dann wird sich das auch in Ihren Inhalten widerspiegeln und bei Ihrem Publikum ankommen.

Das waren sie also! Die 4 Gründe, warum Sie Content Marketing nutzen sollten, um Ihr Unternehmen voranzubringen. In diesem Buch zeige ich Ihnen, wie Sie eine Content-Marketing-Strategie entwickeln, die auf Ihre Geschäftsziele zugeschnitten ist. Ich gebe Ihnen Tipps und Ressourcen für die Erstellung hochwertiger Inhalte. Am Ende dieses Buches werden Sie alles haben, was Sie brauchen, um mit Content Marketing zu beginnen und Ergebnisse für Ihr Unternehmen zu erzielen. Lassen Sie uns also loslegen!

Inhaltstypen

Nachdem wir nun wissen, warum Content Marketing eine ausgezeichnete Methode ist, um Ihre Zielgruppe zu erreichen, lassen Sie uns einen Blick auf die verschiedenen Arten von Inhalten und die am häufigsten verwendeten Plattformen werfen.

Es gibt unzählige Arten von Inhalten, die Sie erstellen können. Hier sind einige Ideen für den Anfang:

- **Artikel:** Schreiben Sie informative Artikel, die für Ihr Zielpublikum relevant sind, und veröffentlichen Sie diese auf Ihrer Website oder in Ihrem Blog.

- **Videos:** Erstellen Sie Videos, die zeigen, wie Sie Ihre Produkte oder Dienstleistungen verwenden, oder geben Sie Tipps und Ratschläge zu einem bestimmten Thema. Veröffentlichen Sie Ihre Videos in den sozialen Medien, auf Ihrer Website, Ihrem Blog oder auf Videoportalen wie YouTube.

- **Infografiken:** Erstellen Sie Infografiken, die Informationen in einem leicht verständlichen Format visuell darstellen. Teilen Sie Ihre Infografiken in den sozialen Medien, auf Ihrer Website oder Ihrem Blog oder in Infografik-Verzeichnissen wie zum Beispiel Pinterest.

- **Podcasts:** Nehmen Sie Tonbeiträge zu einem bestimmten Thema auf und veröffentlichen Sie diese auf Ihrer Website, Ihrem Blog oder in Podcast-Verzeichnissen wie iTunes oder Spotify.

- **Bücher oder E-Books:** Schreiben Sie ein Buch oder E-Book zu einem Thema, das für Ihre Zielgruppe relevant ist, und stellen Sie es auf Ihrer Website, Ihrem Blog oder im Buchhandel zur Verfügung.

Im Grunde genommen können Sie Inhalte in schriftlicher Form, als Grafik, in Audioform und in Videoform erstellen. In der einfachsten Form können Sie eine Kamera in Ihrem Büro oder Ihrer Praxis aufstellen und anfangen, über ein Thema zu sprechen, mit dem Sie sich auskennen. Auch wenn es sich anfangs vielleicht ungewohnt anfühlt, wird es immer mehr zur Routine, je öfter Sie es tun.

Das Wichtigste ist, dass Sie Inhalte produzieren, die für Ihre Zielgruppe interessant, informativ und hilfreich sind. Denken Sie daran, dass Ihr Ziel nicht darin besteht, Ihre Produkte oder Dienstleistungen zu verkaufen, sondern Ihrem Publikum einen Mehrwert zu bieten, damit es Sie als vertrauenswürdige Quelle wahrnimmt.

Wir werden später noch darauf eingehen, wie die verschiedenen Arten von Inhalten erstellt werden. Es liegt jedoch auf der Hand, dass die unterschiedlichen Inhaltstypen auch unterschiedlich viel Arbeit machen und jeweils andere Personengruppen ansprechen.

So ist klar, dass das Schreiben eines E-Books viel mehr Zeit und Mühe erfordert, als die Aufnahme eines Podcasts oder eines YouTube-Videos. Und ein geschriebener Blog-Artikel ist weniger persönlich als ein Video, auf dem Sie Ihr Gesicht zeigen. Außerdem müssen Sie mit Ihrer Website häufig mit großen Medienunternehmen konkurrieren, die sich allesamt um Platz 1 bei Google bemühen, was wegfällt, wenn Sie eine E-Mail-Marketingliste haben. Trotzdem ist Google noch immer die größte Suchmaschine und ein Blog-Artikel kann schneller und leichter konsumiert werden, als ein E-Book. Er eignet sich außerdem besser, um ihn nach den wichtigen Informationen zu überfliegen, als ein YouTube-Video. Wenn Sie sich für einen Podcast entscheiden, werden Sie einerseits in einem Medium tätig sein, das spätestens seit der Corona-Pandemie extremen Zulauf erlebt hat. Andererseits aber eben gerade deswegen auch von unzähligen Konkurrenten bespielt wird.

Wie Sie sehen, haben alle Inhaltstypen ihre individuellen Vor- und Nachteile. Daher ist es wichtig, dass Sie sich auf der Grundlage Ihrer Ressourcen auf die Inhaltsarten konzentrieren, die für Sie am leichtesten zu produzieren sind und bei denen Ihre Zielgruppe am wahrscheinlichsten zu finden ist.

Die Art der Inhalte, die Sie erstellen, hängt auch von der Plattform ab, die Sie für die Verbreitung nutzen. Wenn Sie z.B. ein Video erstellen, sollten Sie es auf einer Videoplattform wie YouTube oder Vimeo veröffentlichen. Wenn Sie eine Infografik erstellen, sollten Sie sie in einem Infografik-Verzeichnis wie Pinterest oder Reddit veröffentlichen. Und wenn Sie einen Podcast erstellen, werden Sie ihn in einem Podcast-Verzeichnis wie iTunes oder Spotify veröffentlichen wollen.

Es gibt unendlich viele Möglichkeiten, wenn es um die Art der Inhalte und die Plattformen für die Verbreitung Ihrer Inhalte geht. Das Wichtigste ist, dass Sie anfangen und solange experimentieren, bis Sie herausgefunden haben, was für Sie und Ihr Unternehmen am besten funktioniert.

Content-Plattformen

Vor allem am Anfang ist es am besten, sich auf eine einzige Plattform zu konzentrieren und hochwertige Inhalte zu erstellen, anstatt sich mit dem Versuch, alles auf einmal zu machen, zu überfordern. Sie können nach und nach weitere Inhaltsarten und Plattformen hinzufügen.

Schauen wir uns die beliebtesten Plattformen an, die es derzeit auf dem Markt gibt.

Ihre eigene Website oder Ihr Blog

Hierbei handelt es sich um eine der besten Plattformen, um Ihre Inhalte zu verbreiten, da Sie die vollständige Kontrolle über das Design und das Branding Ihrer Website sowie das Eigentum an allen von Ihnen erstellten Inhalten haben.

Und während es früher schwierig und teuer war, eine Website einzurichten, gibt es heute zahlreiche einfache und erschwingliche Optionen. Sie können mit einem kostenlosen Website-Builder wie Wix beginnen oder einen Designer beauftragen, eine individuelle Website für Sie zu erstellen. Die beste Möglichkeit ist jedoch die Verwendung eines sogenannten "Content Management Systems". Diese Systeme machen es jedem, auch ohne technische Kenntnisse, leicht, eine Website zu erstellen und zu verwalten.

Sie haben auch die Möglichkeit zu verfolgen, wie die Nutzer mit Ihren Inhalten interagieren. So können Sie z.B. sehen, wie viele Personen Ihre Inhalte ansehen, wie lange sie auf Ihrer Website bleiben, woher sie kommen und welche Suchbegriffe sie verwenden, um Sie zu finden. Diese Informationen können von unschätzbarem Wert sein, wenn es darum geht, Ihre Inhalte zu optimieren und die SEO Ihrer Website zu verbessern.

Ein weiterer Vorteil der Veröffentlichung Ihrer Inhalte auf Ihrer eigenen Website oder in Ihrem Blog besteht darin, dass Sie diese auf jede beliebige Weise monetarisieren können. Sie können Werbeflächen verkaufen, Premium-Inhalte gegen eine Gebühr anbieten oder Affiliate-Marketing nutzen, um durch Empfehlungen Geld zu verdienen.

Schließlich bietet Ihnen der Besitz einer eigenen Website oder eines Blogs ein erstaunliches Maß an Kontrolle und Flexibilität, das Sie bei anderen Plattformen nicht haben. Sie können das Design, das Layout und den Inhalt ändern, wann immer Sie wollen, ohne um Erlaubnis fragen zu müssen. Sie können auch wählen, mit wem Sie zusammenarbeiten und welche Dienstleistungen Sie anbieten möchten. Dies gibt Ihnen die Möglichkeit, eine einzigartige Marke und Identität zu schaffen, die ganz auf Ihre Geschäftsziele abgestimmt ist.

Wie Sie eine Website oder einen Blog einrichten, werden wir später in diesem Buch noch genauer erläutern. Es ist nicht halb so schwierig, wie es sich anhört, und die Vorteile sind die Mühe auf jeden Fall wert.

Eine E-Mail-Marketingliste

Ähnlich wie Ihre eigene Website oder Ihr Blog ist auch Ihre eigene E-Mail-Marketingliste eine Möglichkeit, um sicherzustellen, dass Sie einen direkten Kontakt zu Ihrem Publikum haben und dass Sie die volle Kontrolle darüber behalten. Denken Sie daran: Wenn Sie Millionen von Follower auf

Instagram haben und Instagram beschließt, Ihr Konto zu deaktivieren, haben Sie keine Follower mehr. Und wenn Facebook die Reichweite der Postings auf Ihrer Facebook for Business Seite einschränkt, müssen Sie eben jedes Mal ein paar Euro bezahlen, um alle Ihre Fans zu erreichen. Wie viel das sein wird, liegt im Ermessen der Social Media Plattform. Und all das ist bei Ihrer eigenen E-Mail-Marketingliste eben nicht der Fall.

E-Mail-Marketing kann auch eine höhere Erfolgsquote in Bezug auf Konversionen haben, da Menschen, die Ihre E-Mails bereits abonniert haben, mit höherer Wahrscheinlichkeit an Ihren Inhalten interessiert sind und möglicherweise einen Kauf tätigen. Natürlich müssen Sie darauf achten, dass Sie alle Gesetze und Vorschriften für das E-Mail-Marketing einhalten und z.B. eine einfache Möglichkeit anbieten, um sich abzumelden, sowie nicht zu viele E-Mails zu versenden (dies könnte zu Spam-Meldungen führen).

Eine E-Mail-Marketingliste ist ein Muss für jede Content-Marketing-Strategie und kann dazu beitragen, die Konversionsrate zu erhöhen und sicherzustellen, dass Sie einen direkten Kontakt zu Ihrem Publikum haben. Wir werden uns in späteren Kapiteln mit der Einrichtung von E-Mail-Marketinglisten befassen. Bis dahin können Sie sich überlegen, wie Sie mit dem Aufbau Ihrer eigenen Liste beginnen können.

Ihr eigener Podcast

Podcasts sind in den letzten Jahren immer beliebter geworden und bieten eine hervorragende Möglichkeit, mit Ihren Inhalten ein breites Publikum zu erreichen. Das Schöne an Podcasts ist, dass man sie auch während anderer Aktivitäten konsumieren kann, z.B. beim Pendeln oder beim Sport.

Um mit dem Podcasting zu beginnen, brauchen Sie eigentlich nur ein Mikrofon und eine Aufnahmesoftware (wie Audacity). Anschließend können Sie Ihren Podcast in einem Podcast-Verzeichnis wie iTunes oder Spotify veröffentlichen.

Eines sollten Sie beim Podcasting nicht vergessen: Beständigkeit ist das A und O. Es ist wichtig, regelmäßig Episoden zu veröffentlichen und einen Zeitplan einzuhalten, damit Ihre Zuhörer wissen, wann sie neue Inhalte von Ihnen erwarten können.

Sie können Ihren Podcast auch monetarisieren, indem Sie Werbeplätze verkaufen oder Premium-Inhalte gegen eine Gebühr anbieten.

Auch was die Podcast-Produktion angeht, gehen wir später in diesem Buch noch etwas mehr ins Detail.

Plattformen für soziale Medien

Es gibt zahlreiche soziale Medienplattformen, jede mit ihren eigenen einzigartigen Funktionen und ihrem eigenen Publikum. Es ist wichtig, dass Sie sich überlegen, welche Plattformen für Ihr Unternehmen und Ihre Zielgruppe am sinnvollsten sind, bevor Sie loslegen und Inhalte erstellen.

Achten Sie darauf, die Geschäftsbedingungen der einzelnen Plattformen zu lesen, um zu verstehen, wie Ihre Inhalte verwendet werden können und welche Beschränkungen es für die Art der Inhalte gibt, die Sie teilen können.

Ein großer Vorteil der Nutzung sozialer Medien für die Erstellung von Inhalten ist die Möglichkeit, mit Ihrem Publikum in Echtzeit in Kontakt zu treten und sich mit ihm auszutauschen. Dies kann eine ideale Möglichkeit sein, Beziehungen aufzubauen und Besucher auf Ihre Website oder Ihren Blog zu leiten. Außerdem erhalten Sie durch das Veröffentlichen Ihrer Inhalte auf den jeweiligen sozialen Medien natürlich die Chance, Teile der riesigen Nutzerbasis für sich zu begeistern.

Sie sollten jedoch bedenken, dass Sie bei der Nutzung sozialer Medien keine vollständige Kontrolle über Ihre Inhalte haben. Die Plattform selbst kann ihre Richtlinien oder ihren Algorithmus jederzeit ändern, was sich darauf auswirkt, wie Ihre Inhalte angezeigt und geteilt werden.

Einige beliebte Optionen sind Facebook, Instagram, Twitter, LinkedIn, Pinterest und YouTube. Auf alle Plattformen gehen wir an späterer Stelle noch detaillierter ein.

Content Marketing ist keine Verkaufstätigkeit

Der vielleicht größte Fehler, den viele Content-Marketer machen, ist die Annahme, dass es bei ihrer Arbeit nur um den Verkauf geht. Natürlich ist es unbestreitbar, dass die Erzielung von Gewinn für den Erfolg eines jeden Unternehmens wichtig ist. Aber der Schlüssel zu erfolgreichem Content Marketing liegt in der Bereitstellung wertvoller Informationen für Ihr Publikum, nicht im Aufdrängen von Produkten.

Indem Sie hochwertige Inhalte erstellen, die Ihren Lesern helfen, ein Problem zu lösen, eine Frage zu beantworten oder sie einfach über ein Thema zu informieren, schaffen Sie Vertrauen und Glaubwürdigkeit bei ihnen. Sie werden Sie als Quelle wertvoller Informationen ansehen und eher bereit sein, mit Ihnen Geschäfte zu machen.

Anstatt sich also auf den Verkauf zu konzentrieren, sollten Sie sich darauf beschränken, qualitativ hochwertige Inhalte zu erstellen, von denen Ihr Publikum wirklich profitiert. Die Verkäufe werden sich dann von selbst einstellen.

Denken Sie an all die Podcasts, in denen die Moderatoren nur erwähnen, dass sie an diesem oder jenem Datum auf Tournee gehen oder dass man ihre Arbeit durch eine Patreon-Spende oder durch das Hinterlassen einer positiven Rezension unterstützen kann. Diese Podcasts sind oft stundenlang und der "Verkaufsteil" umfasst höchstens 20 Sekunden und ist sehr unaufdringlich. Das ist es, was auch Ihr Content Marketing anstreben sollte.

Aber wie können Sie überhaupt Informationen anbieten, wenn man Sie nicht kennt? Schauen wir uns an, wie jede Beziehung mit einem ersten Treffen beginnt.

Lernen Sie Ihr Publikum kennen

Der erste Schritt in Ihrer Beziehung zum Publikum besteht darin, die Menschen wissen zu lassen, wer Sie sind. Das bedeutet, dass Sie über verschiedene Plattformen wie Ihre Website, Ihren Blog, Ihre Konten in den sozialen Medien, Ihre Podcasts usw. eine starke Online-Präsenz aufbauen. Keine Sorge, wir werden später einen Blick darauf werfen, wie dies im Detail geschehen kann.

Stellen Sie sicher, dass Ihr Branding auf all diesen Plattformen konsistent ist und bieten Sie regelmäßig wertvolle Inhalte an, um Leser, Zuschauer und Zuhörer zu gewinnen. Indem Sie einen großen Mehrwert bieten, etablieren Sie sich früher oder später als Experte in Ihrer Branche.

Wie bereits erwähnt, geht es im ersten Schritt nicht darum, Ihrem Publikum etwas zu verkaufen. Zu diesem Zeitpunkt möchten Sie, dass Ihr Publikum Sie auf jede erdenkliche Weise findet und einen Nutzen aus Ihren Inhalten zieht. Versuchen Sie nicht, etwas zu verkaufen. Vor allem wenn Ihr Produkt oder Ihre Dienstleistung mehr als ein paar Euro kostet, wird niemand bei Ihnen kaufen. Wenn jemand zum allerersten Mal auf Sie stößt, ist Ihr oberstes Ziel, dass er Ihren Kanal abonniert und - noch besser - sich in Ihre E-Mail-Liste einträgt.

Wissen Sie, das Internet hat sich verändert. Früher war es ein dezentrales Netzwerk mit vielen Websites, die man über eine Suchmaschine fand. Die Erfahrung verlief in etwa wie folgt: "Ich brauche einen Rat für meine Weisheitszahnentfernung, schauen wir uns doch mal dieses neue Ding namens 'Internet' an". Dann ging man auf eine Suchmaschine und fand eine Website: "Oh, sieh mal, WebMD.com! Was für eine nützliche Website. Ich werde sie als Lesezeichen speichern und Freunden und Verwandten empfehlen!". Wenn die betreffende Person das nächste Mal eine Information benötigte, benutzte sie nicht die Suchmaschine, sondern ging direkt zu WebMD.com. Das hat sich geändert.

Heutzutage ist das Internet eher ein zentralisiertes Netzwerk geworden, das sich um die beiden großen Suchmaschinen dreht: Google und YouTube. Die Menschen geben heutzutage einfach ein, was sie wissen wollen und erwarten eine Antwort. Wenn Ihr Content ihnen diese Antwort gibt: großartig. Wenn nicht, ist die nächste Website nur einen Klick entfernt. Das Problem ist jedoch, dass, selbst wenn Sie dem Nutzer die richtige Antwort geben und

Ihr Inhalt großartig ist, er sich die Antwort von Ihnen nehmen und die Seite auf Nimmerwiedersehen verlassen könnte. Denn in seiner Wahrnehmung hat er die Antwort nicht von Ihrer Website erhalten, sondern von seiner Google-Suche.

Und genau hier kommt Ihr E-Mail-Marketing ins Spiel. Wenn Sie Ihre Kunden dazu bringen, sich in Ihre Mailingliste einzutragen, können Sie ihnen regelmäßig wertvolle Inhalte schicken und sie daran erinnern, wer Sie sind und was Sie tun, und so im Laufe der Zeit Vertrauen und Glaubwürdigkeit aufbauen. Das führt letztendlich dazu, dass sie bei Ihnen kaufen oder Ihre Dienstleistungen in Anspruch nehmen, wenn sie dazu bereit sind.

Betrachten Sie also alle Ihre Inhalte, die im Internet frei verfügbar sind - sei es auf YouTube, in den sozialen Medien oder auf Ihrer eigenen Website - als Lockmittel, das dazu führt, dass sich Menschen in Ihre E-Mail-Liste eintragen. Es versteht sich von selbst, dass die Eintragung in diese E-Mail-Liste für die Interessenten völlig kostenlos ist.

Es wird Sie vielleicht überraschen, wenn ich Ihnen sage, dass kostenlose Informationen und die Aufforderung, sich in eine E-Mail-Marketingliste einzutragen, oft nicht ausreichen, um die Leute dazu zu bewegen. Deshalb zahlt es sich aus, einen Anreiz zu bieten. Ein kostenloses E-Book, ein Kurs oder etwas anderes, das für den Empfänger von Wert ist, im Austausch gegen seine

E-Mail-Adresse und die Erlaubnis, ihm E-Mails zu senden, kann Ihre Chancen, neue "Interessenten" zu gewinnen, deutlich erhöhen.

Auch wenn es der beste Weg ist, eine Beziehung zu ihnen aufzubauen, können Sie auch davon profitieren, dass sie Ihren YouTube-Kanal abonnieren oder Ihnen auf Instagram folgen. Denken Sie nur immer daran, dass sie dann zwar nicht Ihre Abonnenten sind, aber YouTube- oder Instagram-Abonnenten bleiben. Das ist kein großes Problem, es sei denn, eine dieser Plattformen ändert ihre Richtlinien oder Grundsätze und schließt Ihren Kanal.

Eine E-Mail-Liste hingegen wird immer Ihnen gehören. Sie können sie in eine Datei exportieren und sie bei Bedarf in einen anderen E-Mail-Marketingdienstleister importieren. Zusammenfassend lässt sich sagen, dass der Schlüssel zu erfolgreichem Content Marketing darin liegt, wertvolle Informationen bereitzustellen und diese als Instrument zur Lead-Generierung für Ihre E-Mail-Liste zu nutzen. Auf diese Weise können Sie bei Ihrem Publikum Vertrauen und Glaubwürdigkeit aufbauen, was letztendlich zu mehr Umsatz und Erfolg für Ihr Unternehmen führt.

Schaffen Sie Vertrauen

Sobald Sie also einen neuen Abonnenten in Ihrer E-Mail-Liste haben, ist es an der Zeit, zu verkaufen, richtig? Nicht ganz. Auch hier scheitern viele Menschen bei ihren Content-Marketing-Bemühungen. Anstatt ein Verkaufsgespräch nach dem anderen zu führen, sollten Sie sich darauf konzentrieren, Ihrem Publikum wertvolle Informationen zu liefern. Das schafft Vertrauen und Glaubwürdigkeit und erhöht die Wahrscheinlichkeit, dass sie in Zukunft mit Ihnen Geschäfte machen.

Wie können Sie also diese wertvollen Informationen bereitstellen? Das Wichtigste ist, dass Sie Ihre Zielgruppe verstehen und wissen, wo ihre Probleme liegen. Erstellen Sie Inhalte, die diese Probleme aufgreifen und Lösungen dafür anbieten. Dies kann in Form von Blogbeiträgen, E-Mail-Newslettern, Videos oder sogar Beiträgen in den sozialen Medien geschehen. Sie haben also gewissermaßen Ihre Inhalte als Aufhänger, um Menschen dazu zu bringen, Ihre E-Mails oder Kanäle zu abonnieren. Und wenn sie das getan haben, informieren Sie sie durch diese Abos weiterhin über neue Inhalte, die Sie veröffentlichen.

Das Wichtigste ist, dass Sie stets hilfreiche Informationen bereitstellen und sich als Vordenker in Ihrer Branche positionieren. Sie müssen ihnen bei Problemen helfen, sie über die neuesten Trends in diesem Bereich informieren, sie darüber aufklären, was sie vermeiden sollten, und so weiter. In einer idealen Welt möchten Sie, dass sich Ihre Kunden auf Ihre E-Mails freuen.

Natürlich ist es keine schlechte Idee, von Zeit zu Zeit eine Handlungsaufforderung[1] einzubauen, sei es, dass Sie für eines Ihrer Produkte oder eine Ihrer Dienstleistungen werben oder sie einfach dazu auffordern, sich für eine kostenlose Beratung anzumelden. Achten Sie nur darauf, dass der Großteil Ihrer Inhalte weiterhin wertvoll und hilfreich für Ihr Publikum ist. Sie können ein 80/20-Verhältnis anstreben, bei dem 80 % kostenlose, wertvolle Inhalte und 20 % eine unaufdringliche, bescheidene Empfehlung für eines Ihrer Produkte sind.

Werden Sie gemocht

Ein weiterer Punkt, den Sie im Auge behalten sollten, ist der Aufbau einer persönlichen Beziehung zu Ihrer Zielgruppe. Geschäftsbeziehungen werden gerne mit Menschen geschlossen, die man kennt, mag und denen man vertraut. Und eines der besten Mittel, um dieses Gefühl zu fördern, ist, wenn Sie einen Einblick in Ihre Person geben, nicht nur als Geschäftsinhaber oder Mitarbeiter.

---

[1] Häufig als "Call to Action" bezeichnet.

Erzählen Sie Geschichten über sich und Ihr Team, gewähren Sie einen Blick hinter die Kulissen Ihres Büros oder Arbeitsplatzes, heben Sie die Leistungen Ihrer Teammitglieder hervor und teilen Sie lustige persönliche Fakten über sich selbst. Wenn Sie zeigen, dass Sie mehr als nur ein gesichtsloses Unternehmen sind, können Sie Ihrem Publikum helfen, eine tiefere Verbindung zu Ihnen aufzubauen. Und wenn man Sie als Person mag, wird man viel eher bereit sein, auch mit Ihnen Geschäfte zu machen.

Zeigen Sie dem Publikum Ihr Gesicht und sprechen Sie jeden Leser individuell an. Moderne E-Mail-Marketinglisten erlauben es Ihnen, die Leser mit ihrem Namen anzusprechen. Sie können Ihre E-Mails aber auch in einem Gesprächston verfassen, ähnlich wie ich dieses Buch schreibe. Ist Ihnen aufgefallen, dass ich Sie anspreche, als ob Sie mir gegenübersitzen würden? Schließlich ist es eine Person, die dieses Buch liest: Sie. Und genauso wird auch Ihre E-Mail nicht von "einem Publikum" oder einer "Gruppe von Menschen" gelesen werden: "Liebe Leserinnen und Leser", sondern von einer Person: "Hallo Klaus!", "Hey Johanna!".

Es hilft mir, mir die Beziehung zu meinem Publikum wie einen Prozess vorzustellen, der von Kälte zu Wärme führt. Lassen Sie mich das erklären: Wenn wir uns zum ersten Mal treffen, grüßen wir uns vielleicht - oder nicht einmal das. Zu diesem Zeitpunkt herrscht eine ziemlich kalte Atmosphäre. Wenn wir jedoch beginnen, miteinander zu sprechen und uns vorzustellen, wird die Beziehung etwas wärmer, ist aber immer noch ziemlich kalt.

Sobald ich jemanden regelmäßiger treffe und wir ein bisschen mehr reden und herausfinden, dass wir Gemeinsamkeiten haben, wird es viel wärmer. Und bei vielen Menschen bleibt die Beziehung auf einer dieser Ebenen.

Aber es gibt auch die besonderen Beziehungen, die sich weiter entwickeln. Eine Einladung zum Mittagessen, ein Treffen zum Kaffee oder zu einem Drink am Abend. Diese werden zu engeren Beziehungen und die Atmosphäre ist sehr warm. Wenn sie mich bitten würden, ihnen Geld zu leihen, würde ich es tun. Wenn sie meine Hilfe bei einem Umzug benötigen, würde ich ihnen zur Seite stehen.

Und so ähnlich läuft das auch beim Content Marketing ab. Sie fangen mit kalten Kontakten an und wärmen sie nach und nach auf. Einige werden sich vielleicht nie für Sie erwärmen - und das ist auch in Ordnung. Andere werden sich vielleicht sehr erwärmen, aber es wird nie zu einer engen Beziehung kommen, die in einer Geschäftsbeziehung einen Verkauf bedeuten würde. Aber einige werden sich so sehr für Sie erwärmen, dass sie Ihre Dienstleistungen und Produkte kaufen und darüber sehr glücklich sind. Wir werden über diesen Prozess noch im Kapitel "Customer Journey" sprechen.

Wie oft ist gut?

Eine der wichtigsten Fragen lautet: Wie oft sollten Sie Inhalte oder E-Mails an Ihr Publikum versenden? Die Antwort lautet: Es kommt darauf an. Es hängt von der Art der Inhalte ab, die Sie weitergeben, von Ihrer Branche und von den Vorlieben Ihrer Zielgruppe.

In manchen Branchen ist es erforderlich, täglich oder sogar mehrmals am Tag mit Ihrem Publikum zu kommunizieren. Zum Beispiel eine Nachrichtenorganisation oder ein Börsenhandelsunternehmen. Andere Branchen hingegen benötigen vielleicht nur monatliche Updates, wie z.B. ein Landschaftsbauunternehmen oder eine Buchhaltungsfirma.

Testen Sie verschiedene Frequenzen mit Ihrer Zielgruppe und finden Sie heraus, was für sie in Bezug auf Engagement und Konversionen am besten funktioniert. Achten Sie nur darauf, dass Sie kontinuierlich wertvolle Informationen bereitstellen und sie nicht mit zu vielen E-Mails oder Posts bombardieren. Qualität statt Quantität ist der Schlüssel zu erfolgreichem Content Marketing. Eine gute Frequenz für den Anfang ist wöchentlich. Nicht zu oft, um die Empfänger zu belästigen, aber häufig genug, um Ihre Marke im Gedächtnis der Empfänger zu halten.

Denken Sie also daran, dass es beim Content Marketing nicht darum geht, Ihre Produkte und Dienstleistungen zu verkaufen.

Es geht darum, wertvolle Informationen bereitzustellen und Vertrauen zu Ihrem Publikum aufzubauen, um Beziehungen zu pflegen und letztlich zu neuen Kunden zu kommen. Und vergessen Sie nicht die persönliche Note! Zeigen Sie ihnen die Gesichter und Persönlichkeiten hinter Ihrer Marke und stellen Sie eine persönliche Verbindung zu ihnen her.

Ihre Content-Marketing-Strategie erklärt

Um Ihr Content-Marketing zu professionalisieren, ist eine Content-Marketing-Strategie der entscheidende erste Schritt. Aber was ist das? Eine Content-Marketing-Strategie ist ein Plan dafür, wie Sie Inhalte wie Blogbeiträge, Videos und Beiträge in sozialen Medien einsetzen, um Ihre Zielgruppe anzusprechen und zu begeistern. Es ist Ihr Plan, wie Sie Inhalte nutzen wollen, um profitable Kundenaktionen auszulösen.

Mit einer soliden Content-Marketing-Strategie können Sie sicherstellen, dass alle Ihre Inhalte einem bestimmten Zweck dienen und mit Ihren allgemeinen Geschäftszielen übereinstimmen. Dies kann zu mehr Website-Besuchern, mehr Kontakten in Ihrer E-Mail-Marketingliste, höheren Engagement-Raten und letztendlich zu mehr Konversionen und Verkäufen führen. Lassen Sie uns herausfinden, wie das geht.

Bestimmen Sie Ihr Zielpublikum

Der erste Schritt für eine effektive Content-Marketing-Strategie besteht darin, Ihre Zielgruppe zu bestimmen. Dazu können Sie sich die folgenden Fragen stellen:

- Wen möchten Sie mit Ihren Inhalten erreichen?
- Wie alt sind Personen in Ihrer Zielgruppe?
- Welches Geschlecht haben sie?
- Was sind ihre Interessen und Probleme?
- Vor welchen Herausforderungen stehen sie in Bezug auf Ihre Branche?
- Welche Fragen könnten sie im Zusammenhang mit Ihren Dienstleistungen oder Ihrer Branche haben?

Sobald Sie ein klares Bild davon haben, wer Ihre Zielgruppe ist, können Sie Ihre Inhalte auf deren Bedürfnisse und Interessen zuschneiden. Auf diese Weise ist es wahrscheinlicher, dass sie sich mit Ihren Inhalten beschäftigen und schließlich zu Kunden werden.

Legen Sie Ihre Ziele fest

Als nächstes sollten Sie Ihre Ziele festlegen. Möchten Sie den Bekanntheitsgrad Ihrer Marke erhöhen oder den Absatz steigern? Wenn Sie sich konkrete Ziele setzen, können Sie den Erfolg Ihrer Content-Marketing-Strategie messen.

Fragen Sie sich, wofür Ihre Marke steht? Wodurch hebt sie sich von der Konkurrenz ab? Orientieren Sie sich daran und stellen Sie sicher, dass Ihre Inhalte mit den Werten und Botschaften Ihrer Marke übereinstimmen. Bitte nehmen Sie dies ernst. Die

Markenbildung ist einer der wichtigsten Schritte für jedes Unternehmen. Ganz gleich, ob es sich um Apple oder den Zahnarzt von nebenan handelt. Was ist schließlich der Unterschied zwischen Coca Cola und der billigen No-Name-Cola aus dem Supermarkt? Der Geschmack? Wahrscheinlich nicht. Es sind die unterbewussten Bilder, die uns in den Sinn kommen, wenn wir das rote Coca Cola-Etikett sehen. Oder kurz gesagt: ihre Marke.

Ein kleines Unternehmen kann eine Marke schaffen, indem es darüber nachdenkt, wofür es bekannt sein möchte und was es von anderen Unternehmen unterscheidet. Es ist wichtig, dass Sie Ihren Markenwerten und Ihrer Botschaft treu bleiben, damit Ihre Kunden wissen, wofür Sie stehen. Oft ist Ihre Marke Ihr Logo und im Falle der freien Berufe wahrscheinlich auch Ihr Gesicht.

Einige mögliche Ziele, die Sie mit Ihrer Content-Strategie erreichen möchten, könnten sein:

- Erhöhung der Besucherzahlen Ihrer Website
- Verbesserung der Platzierung in Suchmaschinen
- Leads und Konversionen generieren
- Ihre Marke als Branchenführer etablieren
- Kundenbindung und Loyalität erhöhen.

Wählen Sie geeignete Kanäle

Sobald Sie ein klares Verständnis Ihrer Zielgruppe und Ihrer Ziele haben, bestimmen Sie die besten Kanäle für die Verbreitung Ihrer Inhalte. Überlegen Sie nicht nur, wo Ihre Zielgruppe bereits aktiv ist, sondern auch, welche Kanäle sie am effektivsten erreichen und zum Handeln anregen können.

Wenn Sie sich beispielsweise an ein jüngeres Publikum wenden, sollten Sie zusätzlich zu den traditionellen Kanälen wie einem Blog oder einem E-Mail-Newsletter auch Instagram, Snapchat und Tik Tok nutzen.

Wenn Ihr Zielpublikum hingegen aus Fachleuten besteht, ist LinkedIn vielleicht ein besserer Kanal für die Verbreitung Ihrer Inhalte.

Und ältere Zielgruppen erreichen Sie vielleicht am besten über Facebook. Experimentieren Sie mit verschiedenen Kanälen, um herauszufinden, was für Ihr spezielles Publikum und Ihre Ziele am besten geeignet ist.

Es ist auch wichtig, sich Gedanken über das Medium zu machen, in dem Ihre Zielgruppe wahrscheinlich zu finden ist. Analytische Menschen lesen ihre Informationen vielleicht lieber, andere sehen sich lieber ein Video an oder hören sich einen Podcast an. Wenn Sie Informationen über zahnärztliche Eingriffe, wie z.B.

Zahnimplantate, suchen, würden Sie diese Art von Informationen in einem Podcast hören wollen? Wahrscheinlich nicht. Lesen wäre also eine Option und ein Blog eine gute Idee. Wenn Sie jedoch einen Zahnarzt sehen, der darüber spricht und vielleicht sogar einige Videos oder zumindest ein Modell zeigt, ist das vielleicht die beste Art der Erklärung.

Auf dieser Grundlage sollten Sie auch Ihre Hauptplattformen auswählen und eine Mischung aus verschiedenen Inhaltsformaten in Ihre Strategie einbeziehen, z.B. Blogbeiträge, Videos, Infografiken, Podcasts und mehr.

Planen Sie für Konsistenz und Häufigkeit

Neben der Auswahl der richtigen Kanäle und Formate für Ihre Inhalte ist es wichtig, dass Sie die Konsistenz und Häufigkeit der Veröffentlichung neuer Inhalte planen.

Entscheiden Sie, wie oft Sie neue Inhalte veröffentlichen möchten, und halten Sie sich an einen einheitlichen Zeitplan, damit Ihr Publikum weiß, wann es neue Informationen von Ihnen erwarten kann. Und stellen Sie sicher, dass die Häufigkeit für Ihr Team überschaubar ist - übernehmen Sie sich nicht.

Es ist gut, Inhalte im Voraus zu produzieren und zu planen, so dass Sie nicht auf der Suche nach neuen Ideen sind oder in letzter

Minute veröffentlichen müssen. Auf diese Weise erhalten Sie auch eine gute Vorstellung davon, wie viel Zeit Sie für die Produktion bestimmter Inhalte benötigen werden, und Sie können die erforderlichen Ressourcen und das Budget besser planen.

Denken Sie aber auch daran, dass es wichtig ist, beweglich zu bleiben und Ihre Content-Strategie auf der Grundlage dessen anzupassen, was gut läuft und was Ihr Publikum anspricht. Überprüfen Sie regelmäßig den Erfolg Ihrer Inhalte und nehmen Sie bei Bedarf Anpassungen vor.

Die Häufigkeit ist besonders wichtig, je nachdem, auf welcher Plattform Sie veröffentlichen und welchen Algorithmus diese verwendet. Wenn Sie zum Beispiel auf Instagram sind, ist es wichtig, regelmäßig zu posten, da der Algorithmus Konten belohnt, die aktiv sind und sich mit ihrem Publikum auseinandersetzen. Bei einem Blog oder einer Website kann es jedoch ausreichen, ein paar Mal im Monat zu posten, solange der Inhalt von hoher Qualität ist und im Laufe der Zeit regelmäßig verbessert wird. Auch der YouTube-Algorithmus bevorzugt häufiges Posten, nicht unbedingt täglich, aber immer zu den gleichen Zeiten, ähnlich wie bei einer Fernsehsendung.

Berücksichtigen Sie Evergreen-Inhalte

Evergreen-Inhalte sind Inhalte, die immer relevant sind, unabhängig von der Zeit, in der sie veröffentlicht werden. Diese Art von Inhalten ist für Unternehmen nützlich, weil sie einmal veröffentlicht werden können und über lange Zeiträume hinweg relevant bleiben, ohne ihre Wirkung zu verlieren. Auf diese Weise können Sie sie als Aufhänger nutzen, um ständig neue Interessenten zu gewinnen, die sich mit Ihrer Marke beschäftigen.

Evergreen-Inhalte sind auch für SEO-Zwecke hilfreich, da sie im Laufe der Zeit weiterhin Besucher auf Ihre Website leiten können. Beispiele für Evergreen-Inhalte sind "How-to"-Artikel, Listen und Ressourcen, die sich auf Ihre Branche oder Ihr Fachwissen beziehen.

Beispiele für einen Zahnarzt: ein Artikel über "wie Sie Ihre Zähne richtig putzen", "10 Lebensmittel, die gut für die Zahngesundheit sind", "was Sie bei einer Weisheitszahnentfernung erwarten können", "was ein Zahnarzt für Menschen tun kann, die Angst vor Zahnärzten haben". Und so weiter. Beachten Sie, dass keiner dieser Artikel in fünf Jahren an Relevanz verlieren wird. Es lohnt sich also, ein wenig Arbeit zu investieren, um diese Artikel zu perfektionieren und sie als Lockmittel zu verwenden.

Beispiele für einen Web-Designer: "10 Tipps, um eine Website benutzerfreundlich zu gestalten", "5 häufige Fehler beim

Webdesign", "wie Sie die richtigen Farben für Ihre Website auswählen", "was ist responsives Design und warum es wichtig ist", "warum Ihr Unternehmen nicht von seiner Website profitiert".

Beispiele für ein Yogastudio: "10 grundlegende Yogastellungen für Anfänger", "wie man eine Yogapraxis zu Hause einrichtet", "die Vorteile der Meditation", "Yoga zum Stressabbau", "warum es wichtig ist, den richtigen Yogalehrer für Sie zu finden".

Ich denke, Sie verstehen, worum es geht. Die Entwicklung eines Plans für Evergreen-Inhalte und die regelmäßige Erstellung dieser Art von Inhalten ist ein wichtiger Bestandteil einer erfolgreichen Content-Marketing-Strategie. Das spart Ihnen Zeit und Arbeit.

Denken Sie aber auch daran, aktuelle und relevante Inhalte nicht zu vernachlässigen, die vielleicht nur für einen begrenzten Zeitraum gültig sind - wie z.B. Urlaubsangebote oder Veranstaltungen in Ihrer Branche. Diese Art von Inhalten kann ein guter Weg sein, um mit Ihren aktuellen Followern in Kontakt zu treten und neue zu gewinnen. Im Vergleich zu Evergreen-Inhalten werden sie jedoch "verwelken". In drei Jahren wird sich niemand mehr für die große Yoga-Konferenz in diesem Jahr interessieren, sodass diese Inhalte nur für einen sehr begrenzten Zeitraum von Bedeutung sind.

Eine gute Mischung aus Evergreen-Inhalten und aktuellen Inhalten hilft Ihnen, Ihr Publikum bei der Stange zu halten und neue Follower zu gewinnen.

Die Customer Journey

Die Customer Journey ist einer der wichtigsten Aspekte des Content Marketing. Es ist wichtig zu verstehen, wie die Customer Journey funktioniert, um Inhalte zu erstellen, die bei den Kunden ankommen und sie zum Kauf bewegen.

Im Kern ist die Customer Journey eine Reihe von Phasen, die Kunden durchlaufen, während sie mit Ihrer Marke interagieren oder Ihre Produkte oder Dienstleistungen erkunden. Diese Phasen können umfassen

Erste Recherche

Die erste Recherchephase beschreibt die Schritte, die Kunden unternehmen, wenn sie zum ersten Mal auf Ihre Marke oder Ihr Produkt aufmerksam werden. Dazu können Online-Recherchen, das Lesen von Blogbeiträgen und Artikeln über Ihre Branche oder das Durchstöbern von Bewertungen gehören, um mehr über Ihr Angebot zu erfahren.

Der Grund für diese erste Recherche kann ein plötzliches Bedürfnis nach einem bestimmten Produkt oder einer Dienstleistung sein oder eine Werbung oder Empfehlung, die ihr Interesse weckt. In jedem Fall befinden sich die Kunden zu diesem Zeitpunkt oft in ihrem "Zeitfenster", d.h. sie sind am ehesten bereit, auf Ihre Marketingbemühungen einzugehen und etwas von Ihnen zu kaufen.

Daher ist es wichtig, dass Sie Inhalte erstellen, die die Aufmerksamkeit Ihrer Kunden in dieser Phase auf sich ziehen. Das können Blogbeiträge und Artikel sein, die hilfreiche Informationen über Ihre Branche oder Ihr Produkt enthalten, Rezensionen von anderen Kunden, die Ihre Produkte oder Dienstleistungen genutzt haben, oder auch Beiträge in den sozialen Medien, die die Begeisterung für eine neue Produkteinführung oder eine Werbeaktion wecken.

Engagement

Sobald die Kunden auf Ihre Marke oder Ihre Produkte aufmerksam geworden sind, gehen sie oft in die Phase des Engagements über. In dieser Phase beginnen sie, direkt mit Ihrer Marke zu interagieren - zum Beispiel, indem sie sich in Ihre E-Mail-Liste eintragen oder Ihnen in den sozialen Medien folgen. Es ist wichtig, die Beziehung zu Ihren Kunden in dieser Phase weiter auszubauen, indem Sie Inhalte erstellen, die für sie relevant sind und dazu beitragen, dass sie sich weiterhin mit Ihrer Marke beschäftigen.

Das kann bedeuten, dass Sie E-Mail-Abonnenten exklusive Rabatte oder Sonderaktionen anbieten, Wettbewerbe oder Werbegeschenke in den sozialen Medien veranstalten oder einfach nur eine regelmäßige Kommunikation über Blogbeiträge, Status-Updates und andere Arten von Inhalten pflegen. Wie auch immer Sie sich entscheiden, wichtig ist, dass Sie in dieser Phase weiterhin einen Mehrwert bieten und eine Verbindung zu Ihren Kunden aufbauen.

Kauf

Sobald sich Kunden mit Ihrer Marke beschäftigt haben, können sie in die Kaufphase der Customer Journey übergehen. Dies ist der Punkt, an dem sie bereit sind, bei Ihnen zu kaufen - sei es, dass sie einen Kauf auf Ihrer Website tätigen, eine kostenlose Testversion Ihres Produkts herunterladen oder sich für eine Beratung oder einen Termin anmelden.

Um diesen Kauf zu erleichtern, ist es wichtig, qualitativ hochwertige Inhalte bereitzustellen, die dem Kunden helfen, eine Kaufentscheidung zu treffen und sich bei seinem Kauf sicher zu fühlen. Dazu können Produktleitfäden, Informationsvideos, Erfahrungsberichte von Kunden oder andere Arten von Inhalten gehören, die den Kunden helfen, mehr über Ihre Produkte zu erfahren und sich bei ihrer Kaufentscheidung sicher zu fühlen.

Nachkaufphase

Nach dem Kauf ist die Customer Journey nicht zu Ende - sie geht einfach in die nächste Phase über, in der Kunden zu Wiederholungskäufern und Fürsprechern Ihrer Marke werden. Und so setzt sich der Zyklus fort, wobei jede Phase der Customer Journey eine neue Gelegenheit bietet, mit Ihren Kunden in Kontakt zu treten und dauerhafte Beziehungen aufzubauen.

In dieser Phase machen sie ihre eigenen Erfahrungen mit Ihrem Produkt oder Ihrer Dienstleistung und teilen diese mit anderen, wodurch ein positiver Kreislauf der Kundenbindung entsteht. Daher ist es wichtig, dass Sie weiterhin wertvolle Inhalte erstellen, die diese Art von Befürwortung fördern, indem Sie Tools wie Social Media Marketing und Influencer Outreach-Programme nutzen. Auf diese Weise können Sie starke Beziehungen zu Ihren Kunden aufrechterhalten und dafür sorgen, dass sie Ihrer Marke auch in den kommenden Jahren treu bleiben.

Insgesamt liegt der Schlüssel zum Erfolg im Content Marketing darin, die Customer Journey zu verstehen und Inhalte zu erstellen, die die Kunden in jeder Phase dieser Reise ansprechen. Ganz gleich, ob Sie versuchen, die Aufmerksamkeit Ihrer Kunden mit einem cleveren Beitrag in den sozialen Medien zu wecken oder ihnen mit einem informativen Produktratgeber bei der Kaufentscheidung zu helfen - Ihr Ziel sollte es sein, Inhalte zu erstellen, die bei Ihren Kunden Anklang finden und ihnen helfen, den Kaufprozess voranzutreiben. Mit der richtigen Herangehensweise können Sie eine leistungsstarke Content-Marketing-Strategie entwickeln, die die Kundenbindung und den Umsatz über Jahre hinweg steigern wird.

Wie Sie die Customer Journey aufzeichnen

Beginnen Sie Ihre Nachforschungen über die Customer Journey, indem Sie vorhandene Kundendaten und Analysen untersuchen. Dies kann Ihnen helfen, besser zu verstehen, wo sich Ihre Kunden im Kaufprozess befinden und welche Arten von Inhalten sie am attraktivsten finden. Sie können auch Umfragen und Interviews mit Kunden durchführen, um mehr über deren Bedürfnisse, Vorlieben und Probleme zu erfahren.

Sobald Sie ein gutes Verständnis der Customer Journey haben, ist es an der Zeit, Inhalte zu erstellen, die in jeder Phase auf Resonanz stoßen. In der ersten Recherchephase könnten Sie sich beispielsweise darauf konzentrieren, hilfreiche Ressourcen und Leitfäden bereitzustellen, mit denen Kunden mehr über Ihre Produkte oder Dienstleistungen erfahren können. In der Phase der Bekanntheit könnten Sie Inhalte wie Beiträge in sozialen Medien und Blogbeiträge erstellen, die die Vorteile Ihrer

Angebote hervorheben. Und in der Überlegungsphase könnten Sie Produktvergleiche oder Fallstudien anbieten, um Kunden zu helfen, fundierte Kaufentscheidungen zu treffen.

Customer Lifetime Value

Ein weiteres wichtiges Konzept, das Sie bei der Darstellung der Customer Journey im Auge behalten sollten, ist der Customer Lifetime Value. Damit ist der geschätzte Umsatz gemeint, den ein Kunde während seiner Lebenszeit mit Ihrer Marke generiert, und er ist eine wichtige Kennzahl, um die langfristige Rentabilität Ihres Unternehmens zu verstehen.

Um Ihren Customer Lifetime Value zu erhöhen, sollten Sie sich auf die Erstellung von Inhalten konzentrieren, die zum Aufbau einer starken Kundenbeziehung beitragen und die Kunden ermutigen, Ihrer Marke langfristig treu zu bleiben. Dazu können Anreize oder Rabatte für Wiederholungskäufe gehören, ein wertvoller Kundenservice und der direkte Kontakt mit Kunden über soziale Medien wie Facebook oder Twitter. Mit dem richtigen Ansatz können Sie eine leistungsstarke Content-Marketing-Strategie entwickeln, die Kunden zum Wiederkommen bewegt und Ihrem Unternehmen langfristiges Wachstum beschert.

Tracking

Da das Internet es Ihnen ermöglicht, fast jede Berührung eines Interessenten oder Kunden mit Ihrer Marke zu verfolgen, ist es wichtig zu wissen, mit welchen Inhalten er sich beschäftigt, wo er abbricht und warum er abbricht, um die Customer Journey zu planen. Tracking-Tools wie Google Analytics und die von den Social-Media-Plattformen und den E-Mail-Marketinganbietern bereitgestellten Tools können Ihnen helfen zu verstehen, welche Inhalte funktionieren und welche nicht. Es ist zwar verständlich, dass Ihre Daten zu Beginn begrenzt sind und Sie sich vielleicht auf Vermutungen verlassen müssen, aber mit der Zeit werden die Daten immer aussagekräftiger und Sie werden anfangen, Trends zu erkennen, die Ihnen helfen können, Ihre Customer Journey Map zu verbessern

Eine wichtige Sache, die Sie bei der Darstellung der Customer Journey beachten sollten, ist, dass es sich um einen fortlaufenden Prozess handelt. Da sich die Bedürfnisse und Vorlieben Ihrer Kunden ändern, muss sich auch Ihre Content-Marketing-Strategie weiterentwickeln. Das bedeutet, dass Sie flexibel und bereit sein müssen, bei Bedarf Anpassungen vorzunehmen, während Sie sich stets darauf konzentrieren, Inhalte zu erstellen, die für Ihre Zielgruppe relevant und ansprechend sind. Mit dem richtigen Ansatz können Sie eine aussagekräftige Customer Journey Map erstellen, die Ihnen hilft, mit Ihren Kunden in jeder Phase des Kaufprozesses in Kontakt zu treten und langfristigen Erfolg für Ihr Unternehmen zu erzielen.

Indem Sie sich auf die Customer Journey konzentrieren, den Lebenszeitwert Ihrer Kunden kennen und Inhalte erstellen, die in jeder Phase auf Resonanz stoßen, können Sie das Engagement steigern und Kunden durch den Kaufprozess führen. Wenn Sie also Ihr Content Marketing verbessern möchten, sollten Sie die Customer Journey nicht vergessen - sie ist einer der wichtigsten Aspekte eines erfolgreichen Content Marketings!

Entwickeln Sie einen Content-Kalender

Sobald Sie ein klares Verständnis Ihrer Zielgruppe, Ziele, Kanäle, Formate und Häufigkeit haben, ist es an der Zeit, einen Content-Kalender zu entwickeln. Dabei kann es sich um eine einfache Tabelle handeln, in der die Themen und geplanten Veröffentlichungstermine für Ihre kommenden Inhalte aufgeführt sind.

Ihr Content-Kalender sollte auch alle anderen relevanten Informationen enthalten, z.B. das Teammitglied, das für die Erstellung der Inhalte verantwortlich ist, die erforderlichen Ressourcen oder Kooperationen und die Metriken zur Erfolgskontrolle. So bleibt Ihr Inhaltsplan organisiert und auf Kurs.

Regelmäßige Anpassung der Strategie

Wie bei jedem Aspekt Ihres Unternehmens ist es wichtig, dass Sie Ihre Content-Marketing-Strategie regelmäßig überprüfen und anpassen. Erreichen Sie konsequent Ihre Ziele? Kommen die Inhalte bei Ihrem Publikum gut an?

Scheuen Sie sich nicht, bei Bedarf Änderungen vorzunehmen, z.B. das Format oder die Häufigkeit Ihrer Inhalte zu ändern oder ein anderes Publikum anzusprechen. Das Wichtigste ist, dass Sie sich ständig um Verbesserungen bemühen und immer wieder testen, was für Ihr Unternehmen am besten funktioniert.

Beachten Sie jedoch, dass Content Marketing Zeit braucht. Das tut es wirklich. Planen Sie ein oder zwei Jahre konstanter, qualitativ hochwertiger Arbeit ein, bevor Sie wirklich überzeugende Ergebnisse erwarten können. Aber das ist es wert - eine erfolgreiche Content-Marketing-Strategie kann einen großen Einfluss auf Ihr Unternehmen haben und zu langfristigem Wachstum und Erfolg führen.

Zögern Sie also nicht - beginnen Sie noch heute mit der Entwicklung Ihrer Content-Marketing-Strategie. Ihre zukünftigen Kunden werden es Ihnen danken.

Messen Sie Ihren Erfolg

Um festzustellen, ob Ihre Content-Marketing-Strategie erfolgreich ist oder nicht, ist es wichtig, die wichtigsten Kennzahlen zu verfolgen und zu messen. Dazu gehören z.B. der Website-Traffic, die Anzahl der Follower in den sozialen Medien, die Engagement-Raten und die durch Ihre Inhalte generierten Leads oder Konversionen.

Überprüfen Sie diese Kennzahlen regelmäßig und passen Sie Ihre Strategie entsprechend an, um sicherzustellen, dass Sie die gewünschten Ergebnisse für Ihr Unternehmen erzielen. Das Internet ermöglicht es Ihnen, fast alles zu messen, also nutzen Sie diese Daten und streben Sie ständig nach Verbesserungen.

Zusammenfassend lässt sich sagen, dass die Entwicklung einer Content-Marketing-Strategie entscheidend für den Erfolg Ihres Unternehmens ist. Stellen Sie sicher, dass Sie Ihre Zielgruppe, Ziele, Kanäle, Formate und Häufigkeit sorgfältig berücksichtigen. Entwickeln Sie einen Content-Kalender, überprüfen Sie Ihre Strategie regelmäßig und passen Sie sie bei Bedarf an. Und vergessen Sie nicht, Ihren Erfolg zu messen und die Daten zu nutzen, um sich ständig zu verbessern.

Ihre Website / Ihr Blog

Wie wir bereits zu Beginn besprochen haben, ist Ihre eigene Website eine der besten Möglichkeiten, ein Publikum durch Content Marketing zu gewinnen. Aber warum? Weil Sie so Ihre Inhalte direkt mit potenziellen Followern, Kunden und Interessenten teilen können - wer auch immer Ihr Publikum ist. Sie haben die volle Kontrolle darüber und verfügen über alle Daten, die Sie benötigen. Es ist auch der perfekte Ort, um Ihre Marke und Ihre Arbeit zu präsentieren, den Menschen von sich, Ihrer Mission und Ihren Werten zu erzählen und mit ihnen in Kontakt zu treten. Und natürlich können Sie Ihre Besucher in Abonnenten für Ihre E-Mail-Marketingliste verwandeln.

Früher war das Erstellen einer Website ein ziemlich schwieriges Unterfangen. Sie mussten über technisches Wissen verfügen und wissen, wie man programmiert, um eine funktionierende Website zu erstellen. Aber dank Content-Management-Systemen wie Wordpress ist die Einrichtung Ihrer eigenen Website jetzt mit ein paar Klicks erledigt.

Ein Content Management System (CMS) ist ein Programm, das Sie bei der Erstellung einer Website unterstützt. Sie verfügen über eine Reihe von Funktionen, Plugins, Themes und Vorlagen, mit denen Sie Ihre Website mühelos erstellen können. Und wenn Sie möchten, können Sie das Design und Layout sogar an Ihre Marke oder Ihren persönlichen Stil anpassen. Betrachten Sie es als einen DIY-Website-Builder, mit dem Sie den Inhalt Ihrer Website online und in Echtzeit bearbeiten können.

Wordpress

Eines der beliebtesten Content-Management-Systeme ist Wordpress, eine kostenlose und quelloffene Plattform, die Millionen von Menschen auf der ganzen Welt für ihre Websites nutzen. Es ist unglaublich intuitiv und einfach zu bedienen, was es zu einer guten Wahl für Anfänger macht, die gerade mit Content Marketing beginnen.

Die Einrichtung Ihrer Website mit Wordpress erfolgt in drei Hauptschritten:

1. Sie benötigen Webspace und eine Domain. Beides können Sie bei einem Hosting-Anbieter oder einem Domain-Registrar erwerben.

2. Sie müssen Wordpress herunterladen und auf Ihrem Webspace installieren. Dies ist ein schneller und einfacher Vorgang, der in der Regel nicht länger als 10-15 Minuten dauert. Wpengine ist ein Provider, den ich jedem empfehlen würde, der mit Wordpress anfängt. Denn dort

erhalten Sie Wordpress sogar schon vorinstalliert.

3. Sobald Wordpress installiert ist, können Sie ein Theme für Ihre Website auswählen, sie entsprechend Ihrer Marke und Ihren Bedürfnissen anpassen, Inhalte wie Texte und Bilder hinzufügen, Menüs und Navigationsfunktionen erstellen, Einstellungen für SEO und soziale Medien konfigurieren usw.

Ganz gleich, ob Sie einen persönlichen Blog oder eine professionelle Website erstellen möchten, Wordpress ist eine hervorragende Wahl für das Content Marketing. Angesichts der Benutzerfreundlichkeit und der zahlreichen Funktionen ist es kein Wunder, dass sich so viele Menschen für die Erstellung ihrer Websites mit Wordpress entscheiden!

Vorsicht bei Wordpress Themes

Content Management Systeme kommen normalerweise mit Themes. Dabei handelt es sich um das Layout und manchmal auch um die Funktionalität der Website. Stellen Sie sich einfach vor, Sie haben eine Website, die so aussieht wie Spiegel Online. Würden Sie jetzt ein Bild Zeitung-Theme installieren, so wären die Inhalte weiterhin jene von Spiegel Online, allerdings würde die Website nun aussehen, wie die der Bild.

Seien Sie vorsichtig, wenn es um die Auswahl des Themes geht! Es gibt Websites wie Themeforest.net, auf denen Sie buchstäblich jedes Theme für jede Website finden können, die Sie sich vorstellen können. Es mag dabei verlockend erscheinen, ein Theme zu wählen, das mit Funktionen vollgestopft ist. Aber oft sind diese Themes problematisch, weil sie so entwickelt wurden, dass sie ein sehr breites Kundenspektrum abdecken. Das bedeutet, dass sie mit Code überladen sind und daher Ihre Website verlangsamen. Außerdem haben sie oft Funktionen fest einprogrammiert, die mit einem normalen Wordpress-Theme nicht kompatibel sind. Benutzerdefinierte Felder oder sogar benutzerdefinierte Blog-Typen zum Beispiel. Die Installation eines solchen Themes bedeutet, dass Sie ohne Programmierer für immer an dieses Theme gebunden sind, was sehr ärgerlich sein kann, wenn der Entwickler des Themes die Entwicklung neuer Versionen beendet.

Ich würde Ihnen daher empfehlen, sich an Themes von seriösen Anbietern zu halten. GeneratePress und Elegant Themes sind branchenführende Premium-Themes mit außergewöhnlichen Funktionen, hervorragender Leistung und eingebauter SEO-Freundlichkeit. Solange Sie sich an gut programmierte, saubere Themes von seriösen Entwicklern halten, werden Sie keine Probleme haben.

Und wenn Sie kein Geld für ein Theme ausgeben möchten, bleiben Sie bei den Standard-Themes, mit denen Wordpress ausgeliefert wird. Sie können sie jederzeit ändern und sie sind eine sichere Sache, wenn es um Geschwindigkeit, Design und Funktionalität geht.

Die Geschwindigkeit Ihrer Website

Wenn Sie eine Wordpress-Website einrichten, ist es leicht, sich für all die schönen Features, Plugins und Funktionen zu begeistern, die eine solche Website bietet. Aber es ist wichtig, daran zu denken, dass die Geschwindigkeit einer Website auch ein wichtiger Faktor für Content Marketing und SEO ist.

Die Website-Geschwindigkeit bezieht sich auf die Zeit, die Ihre Website zum Laden und Anzeigen in einem Webbrowser benötigt. Die Geschwindigkeit einer Website ist zwar nicht immer ein wichtiges Ranking-Signal für SEO, aber Studien haben gezeigt, dass schnellere Websites tendenziell besser ranken als langsamere, und die Website-Geschwindigkeit hat Google zu einem Ranking-Faktor erklärt. Darüber hinaus kann sich die Website-Geschwindigkeit auch auf die Benutzerfreundlichkeit und das Engagement der Nutzer auswirken, was ebenfalls wichtige Faktoren für den Erfolg des Content Marketing sind. Sie sollten vermeiden, dass Ihre Nutzer lange auf das Laden Ihrer Website warten müssen, da sie sonst das Interesse verlieren und die Seite verlassen.

Glücklicherweise gibt es mehrere Möglichkeiten, die Geschwindigkeit Ihrer Website mit Wordpress zu verbessern. Einige der gängigsten Strategien sind:

- Wählen Sie einen schnellen Hosting-Anbieter oder Webserver. Dies kann einen großen Einfluss darauf haben, wie schnell Ihre Website geladen wird, insbesondere wenn Sie ein hohes Besucheraufkommen haben.

- Optimieren Sie Ihr Theme und Ihre Website-Einstellungen für eine schnellere Leistung. Dazu gehört z.B., dass Sie die Anzahl der von Ihnen verwendeten Plugins minimieren und die Größe Ihrer Bilder reduzieren.

- Verwendung eines Content Delivery Network (CDN) zur Beschleunigung der Ladezeiten durch Zwischenspeicherung und Bereitstellung statischer Dateien von Servern, die dem physischen Standort des Benutzers am nächsten sind.

Insgesamt gibt es viele Möglichkeiten, Ihre Wordpress-Website zu beschleunigen und die Benutzerfreundlichkeit zu verbessern. Wenn Sie sich auf diese Faktoren konzentrieren, können Sie sicherstellen, dass Ihre Website für ein erfolgreiches Content Marketing optimiert ist!

Sie können die Geschwindigkeit Ihrer Website auf den folgenden Websites messen:

- Gtmetrix.com: Diese Website bietet einen umfassenden Bericht über die Geschwindigkeitsleistung Ihrer Website und gibt Ihnen Empfehlungen, wie Sie sie verbessern können.

- Pingdomtools.com: Dieses Tool bietet einen schnellen Überblick über die Ladezeit Ihrer Website und enthält Vorschläge zur Verkürzung der Ladezeiten und zur Verbesserung der Benutzerfreundlichkeit.

- Google PageSpeed Insights: Dieses beliebte Tool von Google liefert einen schnellen Überblick über die Geschwindigkeit und Leistung Ihrer Website und gibt Empfehlungen, wie Sie diese verbessern können.

Unabhängig davon, ob Sie mit dem Content Marketing beginnen oder bereits eine etablierte Website haben, ist es wichtig, dass Sie sich im Rahmen Ihrer Content-Strategie auf die Geschwindigkeit Ihrer Website und die Benutzerfreundlichkeit konzentrieren. Mit den richtigen Tools und Best Practices können Sie sicherstellen, dass Ihre Wordpress-Website für den Erfolg optimiert ist!

Tracking und Analytik

Wenn es um Content Marketing geht, sind Analysen unerlässlich, um Ihr Publikum zu verstehen, die Leistung zu messen und datengestützte Entscheidungen zu treffen. Wordpress ist eine hervorragende Plattform, um ein Analyse-Dashboard einzurichten, das Ihnen in Echtzeit Einblicke in die Leistung Ihrer Website und die Interaktion mit den Nutzern gibt.

Zu den beliebtesten Tools für die Einrichtung eines Analyse-Dashboards in Wordpress gehören Google Analytics und Jetpack. Mit diesen Tools können Sie Daten zu einer Vielzahl von Metriken wie Seitenaufrufe, Konversionsraten, Absprungraten, durchschnittliche Sitzungsdauer, demografische Informationen über Ihre Besucher und vieles mehr sammeln. Diese Daten können Sie dann zur Optimierung Ihrer Content-Strategie und zur Verbesserung der Interaktion mit Ihrem Publikum nutzen.

Wenn Sie gerade erst mit Content Marketing beginnen, ist es wichtig, dass Sie sich mit den grundlegenden Konzepten der Analytik vertraut machen und wissen, wie Sie diese für Ihre Strategie nutzen können. Mit den richtigen Tools und Daten können Sie fundiertere Entscheidungen treffen - vom Design Ihrer Website bis hin zur Erstellung von Inhalten. So können Sie sicherstellen, dass Sie das Beste aus Ihrer Wordpress-Website und Ihren Content-Marketing-Bemühungen herausholen.

Hier ist ein kurzer Leitfaden:

1. Melden Sie sich für ein Konto bei einer beliebten Analyseplattform wie Google Analytics oder Jetpack an.

2. Sie erhalten einen Code, den Sie in Ihre Wordpress-Website einfügen müssen, damit das Analyse-Tool Daten zu verschiedenen Metriken verfolgen und sammeln kann.

3. Sobald Sie den Code implementiert haben und Analysedaten erhalten, sollten Sie diese Informationen genau analysieren, um ein besseres Verständnis über Ihr Publikum zu erlangen und herauszufinden, welche Techniken am effektivsten sind, um Engagement und Konversionen zu fördern.

4. Nutzen Sie diese Daten als Grundlage für Ihre Content-Strategie und treffen Sie datengestützte Entscheidungen über das Design Ihrer Website, die Erstellung von Inhalten, Werbung und vieles mehr. Mit den richtigen Analysetools können Sie Ihre Wordpress-Website für erfolgreiches Content Marketing optimieren!

Es lohnt sich auch, ein Google Search Console-Konto einzurichten. Hier gibt Ihnen Google Einblicke in die Leistung Ihrer Website bei Google, einschließlich Informationen über Crawl-Fehler und Indexierung, Impressionen und Klicks von Google, von Nutzern verwendete Keywords, Sicherheitsprobleme, manuelle Abstrafungen von Google und sogar mobile Benutzerfreundlichkeit. Die Einrichtung eines Google Search Console-Kontos wird Ihnen helfen, Ihre Wordpress-Website zu verbessern und für ein erfolgreiches Content Marketing zu optimieren, und sie ist kostenlos. Hier können Sie sich dafür anmelden:

- https://search.google.com/search-console/about

Und ein kleiner Tipp zum Schluss: Wussten Sie, dass Google kostenlose Kurse zu all seinen Tools, einschließlich Google Analytics, anbietet? Schauen Sie sich die Digital Marketing Academy an, um mehr zu erfahren!

Compliance

Wenn Sie eine Website haben, ist es unvermeidlich, dass Sie sich in der komplexen Welt der Website-Compliance zurechtfinden müssen. Unabhängig davon, ob Ihre Website auf Wordpress oder einer anderen Plattform gehostet wird, ist es wichtig, dass Sie die verschiedenen Gesetze und Vorschriften verstehen, die für Ihr Unternehmen und seine Online-Präsenz relevant sein können.

Es gibt mehrere wichtige Bereiche, in denen die Einhaltung von Gesetzen Ihre Wordpress-Website betreffen kann, z.B. Datenschutz, Erhebung von Nutzerdaten, Werbung und die von Ihnen veröffentlichten Inhalte. Um sicherzustellen, dass Ihre Website in all diesen Bereichen konform ist, ist es wichtig, dass Sie sich mit den einschlägigen Vorschriften und bewährten Verfahren vertraut machen.

Einige nützliche Ressourcen zum Verständnis der Einhaltung von Vorschriften auf Ihrer Website sind die Websites von Behörden und gesetzlichen Regelungen wie der Datenschutz-Grundverordnung (General Data Protection Regulation) der Europäischen Union. Darüber hinaus bieten viele Agenturen und Berater für digitales Marketing Compliance-Audits und Schulungen an, um Unternehmen dabei zu helfen, die einschlägigen Vorschriften zu verstehen und einzuhalten.

Wenn Sie gerade erst mit Ihrer Wordpress-Website beginnen, ist es wichtig, dass Sie die Einhaltung von Vorschriften von Anfang an ernst nehmen. Durch vorausschauende Planung und die Implementierung geeigneter Tools und Verfahren können Sie sicherstellen, dass Ihre Website konform bleibt und Ihr Unternehmen im Falle eines Compliance-Problems geschützt ist.

Es gibt mehrere gute Plugins, die Ihnen dabei helfen, einen gesetzeskonformen Cookie-Hinweis, eine Datenschutzrichtlinie, ein Impressum und alle anderen notwendigen rechtlichen Seiten auf Ihrer Website einzurichten. Einige beliebte Optionen sind Cookie Notice by dFactory, Compliance QA Toolkit und das WP Legal Pages Plugin.

Letztendlich ist die Einhaltung der Vorschriften ein fortlaufender Prozess, der regelmäßige Überwachung und Wartung erfordert, um sicherzustellen, dass Ihre Wordpress-Website in allen Bereichen konform bleibt. Mit den richtigen Tools und Anleitungen können Sie jedoch die notwendigen Schritte unternehmen, um Ihr Unternehmen zu schützen und mögliche rechtliche Konsequenzen zu vermeiden.

Meta-Daten mit Yoast

Wenn Sie bei Google nach etwas suchen, erhalten Sie eine Liste von Ergebnissen. Einige davon sind ansprechender als andere. Warum, fragen Sie? Die Antwort liegt in den Meta-Titeln und Meta-Beschreibungen.

Die "Überschriften" in den Google-Suchergebnissen werden oft vom Meta-Titel der betreffenden Webseite übernommen. Und der Text darunter stammt oft aus der Meta-Beschreibung. Ich schreibe “oft” (und nicht “immer”), weil Google von Tag zu Tag schlauer wird und manchmal der Meinung ist, dass Webseitenbesitzer diese Meta-Daten ein wenig zu werblich gestalten. Es tut sich dann keinen Zwang an und blendet statt der festgelegten Meta-Daten einfach etwas Text der eigentlichen Webseite ein.

Um sicherzustellen, dass Sie potenzielle Besucher durch diese Überschriften und Beschreibungen anlocken, müssen Sie sie überhaupt erst einmal ändern können. Und genau hier kommt das Plugin Yoast ins Spiel. Es ist völlig kostenlos und bietet Ihnen die Möglichkeit, jede Webseite für ein bestimmtes Schlüsselwort zu optimieren. Außerdem können Sie mit Yoast den Meta-Titel und die Meta-Beschreibung auf die von Ihnen gewünschten Angaben ändern. Sie erhalten zudem eine Vorschau, wie Ihre Meta-Daten auf den SERPs[2] bei Google aussehen werden.

---

[2] SERP steht für Search Engine Result Pages und ist der Fachbegriff für die Suchergebnisseiten, die Ihnen angezeigt werden, nachdem Sie eine Suche durchgeführt haben..

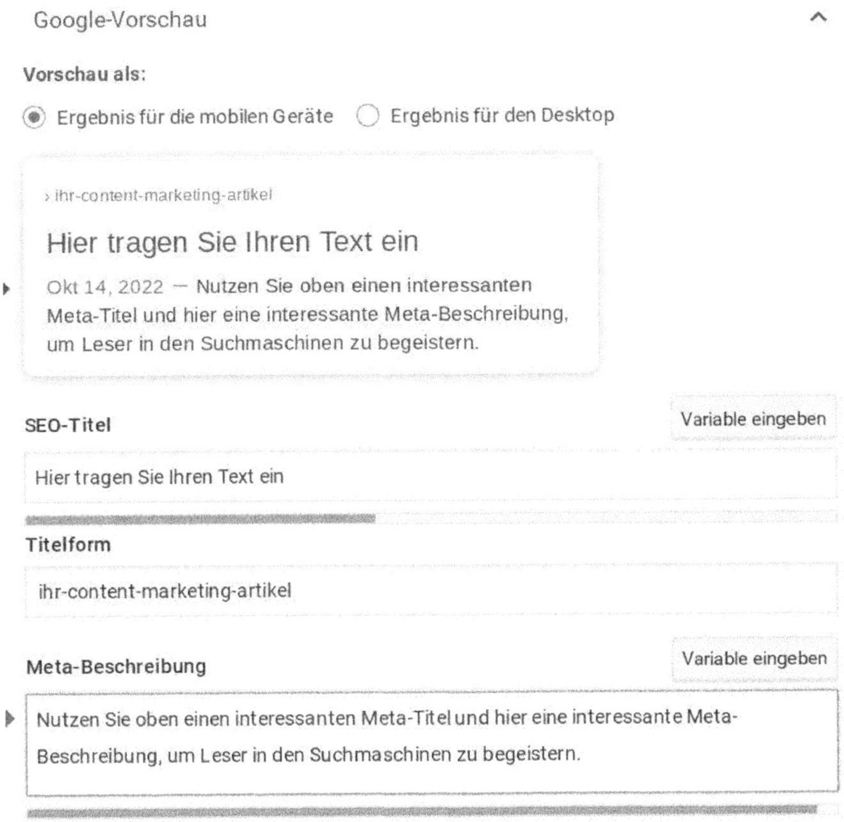

Abbildung: Yoast ermöglicht es Ihnen mit wenigen Handgriffen, die Meta-Daten Ihrer Artikel zu verändern und möglichst interessant zu gestalten. Die farbigen Balken zeigen Ihnen an, ob die Länge Ihrer Eingabe für Google geeignet ist.

Neben dem Meta-Titel und der Meta-Beschreibung kann Yoast Ihnen auch bei anderen SEO-Aspekten Ihrer Website helfen, z.B. bei der Keyword-Optimierung und bei On-Page-Aktivitäten wie der Länge und Lesbarkeit der Inhalte.

Wenn Sie mit Ihrer Wordpress-Website erfolgreich sein wollen, um Besucher über Suchmaschinen anzuziehen, dann müssen Sie sicherstellen, dass Ihre Website von Grund auf optimiert ist. Das bedeutet, dass Sie ein Tool wie Yoast verwenden sollten, um sicherzustellen, dass Sie alle richtigen Elemente in Ihre Inhalte einbauen und dass alles für maximalen SEO-Erfolg eingerichtet ist.

Wenn Sie also mit Ihrer Wordpress-Website erfolgreich sein wollen, sollten Sie Yoast, oder ein anderes SEO-Tool Ihrer Wahl, zu Ihrer Liste der wichtigsten Plugins hinzufügen. Mit den richtigen Tools und Anleitungen können Sie die notwendigen Schritte unternehmen, um sicherzustellen, dass Ihre Inhalte ihr volles SEO-Potenzial ausschöpfen und Besucher auf Ihre Website leiten.

Dateigröße von Bildern

Bilder sind schön und ansprechend und können dazu beitragen, Ihre Website attraktiver zu machen. Wenn sie jedoch nicht für das

Web optimiert sind, können sie Ihre Website verlangsamen und sich negativ auf Ihre SEO-Leistung auswirken.

Zum Glück gibt es einige einfache Maßnahmen, die Sie ergreifen können, um sicherzustellen, dass Ihre Bilder für das Web optimiert sind. Einer der wichtigsten Punkte, den Sie beachten sollten, ist die Dateigröße.

Wenn Ihre Bilddateien zu groß sind, dauert es länger, bis sie geladen werden, was sich negativ auf die Benutzerfreundlichkeit Ihrer Website auswirken kann. Eine einfache Möglichkeit, die Dateigröße zu reduzieren, ist die Verwendung eines Komprimierungstools wie ImageOptim oder TinyPNG. Diese Tools komprimieren Ihre Bilder schnell, so dass sie leichter und schneller heruntergeladen werden können.

Neben der Optimierung Ihrer Bilder im Hinblick auf die Dateigröße ist es auch wichtig, auf die Abmessungen Ihrer Bilder zu achten. Wenn Sie ein großes Bild in einem kleinen Bereich auf Ihrer Website anzeigen lassen möchten, lohnt es sich daher, dieses vorher mit Hilfe eines Bildbearbeitungsprogramms wie Photoshop oder Pixlr auf die richtige Größe zu skalieren. Erstens wird Ihr Bild so automatisch leichter, was die Dateigröße angeht. Und zweitens muss Wordpress Ihre falsch formatierten Bilder nicht zuerst auf die richtige Größe skalieren, was Ihre Website schneller macht.

Wenn Sie sich die Zeit nehmen, Ihre Bilder für die Webperformance zu optimieren, können Sie sicherstellen, dass sie nicht nur gut aussehen, sondern auch schnell geladen werden. Und mit Hilfe von Tools wie ImageOptim oder TinyPNG können Sie dies einfach und effizient tun, ohne Abstriche bei der Bildqualität zu machen.

Wenn Sie sich zwischen Schönheit und Geschwindigkeit der Website entscheiden müssen, sollten Sie sicherstellen, dass die Geschwindigkeit der Website gewinnt. Ihre Bilder sollten eher 50kB als 5MB groß sein. Beginnen Sie also noch heute mit der Optimierung Ihrer Bilder und beobachten Sie, wie Ihr Website-Traffic und Ihr Engagement in die Höhe schnellen!

Oh, und fügen Sie immer eine Beschreibung Ihres Bildes in den Alternativtext oder Alt-Text ein. Dies ist ein wichtiger Bestandteil der Barrierefreiheit im Internet, da es sehbehinderten Benutzern hilft, zu verstehen, was auf Ihrem Bild zu sehen ist.

Es gibt einige einfache Schritte, die Sie unternehmen können, um sicherzustellen, dass Ihre Bilder einen effektiven Alt-Text enthalten. Der erste Schritt besteht darin, dass Sie sich genau überlegen, was der Inhalt Ihres Bildes ist und was der Betrachter daraus mitnehmen soll.

Sobald Sie eine klare Vorstellung davon haben, was Ihr Bild vermitteln soll, können Sie sich Gedanken über die

Schlüsselwörter und Sätze machen, die diesen Inhalt am besten beschreiben. Diese Schlüsselwörter sollten sowohl für Ihr Bild als auch für das allgemeine Thema Ihrer Website oder Ihres Blogbeitrags relevant sein.

Sobald Sie Ihre Schlüsselwörter ausgewählt haben, können Sie diese verwenden, um eine kurze, klare Beschreibung Ihres Bildes zu erstellen. Diese Beschreibung sollte prägnant und für die Benutzer leicht verständlich sein, und es ist in der Regel am besten, das wichtigste Schlüsselwort oder die wichtigste Phrase an den Anfang Ihres Alt-Textes zu stellen. In Wordpress können Sie dies in der Mediengalerie tun, wo Sie leicht ein Feld finden, das dem alternativen Text des Bildes gewidmet ist. Geben Sie dort einfach Ihren Text ein.

Damit helfen Sie nicht nur sehbehinderten Menschen, Ihr Bild zu verstehen, sondern ein effektiver Alt-Text kann auch dazu beitragen, die SEO-Leistung Ihrer Website zu verbessern und die Besucherzahlen auf Ihrer Website zu erhöhen. Denn Google möchte wissen, was auf einem Bild zu sehen ist und kann es (noch) nicht selbst sehen. Denken Sie also daran, sich die Zeit zu nehmen, einen aussagekräftigen Alt-Text für alle Ihre Bilder zu erstellen - Sie werden froh sein, dass Sie es getan haben!

Recherche nach Schlüsselwörtern

Ein Schlüsselwort[3] ist ein Wort oder eine Phrase, nach der Benutzer suchen, wenn sie online nach Informationen suchen. Als Content-Marketer ist es natürlich Ihr Ziel, dass Ihre Website auf einer hohen Position bei Google erscheint, wenn Nutzer nach einem relevanten Begriff suchen.

Um dies effektiv zu erreichen, müssen Sie eine Keyword-Recherche durchführen. Dabei geht es um die Ermittlung von Schlüsselwörtern oder Phrasen, nach denen Ihre Zielgruppe wahrscheinlich sucht, wenn sie nach Informationen zu Ihrem Thema Ausschau hält.

Suchintention

Behalten Sie bei der Keyword-Recherche immer die Suchabsicht im Hinterkopf. Mit anderen Worten: Überlegen Sie, was der Benutzer erreichen möchte, wenn er nach einem bestimmten Begriff sucht. Sucht er zum Beispiel nach Informationen oder will er etwas kaufen?

Grob gesagt können wir die üblichen Suchabsichten der Nutzer in die folgenden Kategorien einteilen:

---

[3] Schlüsselwort: Im Folgenden und generell häufig auch als Keyword bezeichnet.

- **Informationen:** Nutzer, die nach Informationen suchen, verwenden in der Regel längere, beschreibende Schlüsselwörter. Diese Schlüsselwörter sind üblicherweise länger und spezifischer als die von Nutzern, die einen Kauf tätigen oder anderweitig im Internet aktiv werden möchten.
- **Aktion:** Benutzer, die nach Begriffen mit einer Handlungsabsicht suchen, verwenden dagegen eher kürzere Schlüsselwörter, die ein klares Aktionsverb enthalten. Sie könnten zum Beispiel nach etwas wie "Laufschuhe kaufen" oder "Flug nach New York buchen" suchen.
- **Navigation:** Die letzte häufige Suchabsicht ist die Navigation, bei der die Benutzer nach bestimmten Websites oder Webseiten suchen. Diese Art von Suche ist eher allgemeiner Natur und enthält normalerweise keine Aktionsverben. Nutzer könnten zum Beispiel nach "Amazon" oder "Gmail.com" suchen.

Sobald Sie die relevantesten Schlüsselwörter und Phrasen auf der Grundlage der Suchabsicht Ihrer Zielgruppe identifiziert haben, können Sie damit beginnen, diese in Ihre Inhalte einzubauen. Dies wird dazu beitragen, die Besucherzahlen auf Ihrer Website zu erhöhen und Ihre SEO-Leistung sowie die allgemeine Benutzerfreundlichkeit zu verbessern.

Es gibt eine Reihe verschiedener Tools, die Ihnen bei der Keyword-Recherche helfen können, wie z.B. der Google Keyword Planner, Ahrefs oder SEMrush. Diese Tools geben Ihnen wertvolle Einblicke in das Suchvolumen und den Wettbewerb für die von Ihnen gewählten Keywords, so dass Sie fundierte Entscheidungen darüber treffen können, welche Keywords Sie ins Visier nehmen sollten. Schauen wir uns diese Tools genauer an.

Google Keyword-Planner

Der Google Keyword Planner ist ein hervorragendes Tool für die Keyword-Recherche. Er liefert Ihnen wertvolle Informationen über das Suchvolumen und den Wettbewerb, so dass Sie schnell die besten Keywords für Ihre Inhalte ermitteln können.

Der Keyword-Planner ist eine Funktion, die für Kunden von Google Ads gedacht ist, aber er steht jedem, der ihn nutzen möchte, kostenlos zur Verfügung. Um mit dem Keyword-Planner zu beginnen, geben Sie einfach einen Suchbegriff oder eine Phrase in das Suchfeld ein und klicken Sie auf "Ideen erhalten". Dadurch erhalten Sie Zugang zu einer Vielzahl von Vorschlägen für Schlüsselwörter sowie zu detaillierten Informationen über Suchvolumen und Wettbewerb für diese Schlüsselwörter.

Wenn Sie neu in der Keyword-Recherche sind, kann es hilfreich sein, mit verschiedenen Keywords und Phrasen zu experimentieren und zu sehen, welche die besten Ergebnisse liefern. Der Google Keyword-Planner ist ein großartiges Tool für diesen Zweck, denn damit können Sie ganz einfach verschiedene Schlüsselwörter vergleichen und sehen, wie sie in Bezug auf Suchvolumen und Wettbewerb abschneiden.

Google ist mit den tatsächlichen Suchanfragen, die Sie mit dem Keyword-Planner-Tool erhalten, ein wenig zurückhaltend. Aber Sie erhalten einen guten Anhaltspunkt und das ist mehr als genug für unseren Zweck. Erstellen Sie eine Liste von Schlüsselwörtern, die Sie für wertvoll halten, und verwenden Sie diese als Ideen für Ihre Inhalte.

Um auf den Keyword-Planner zuzugreifen, benötigen Sie ein Google Ads Konto. Dieses können Sie einfach und kostenfrei unter dem folgenden Link einrichten:

- https://ads.google.com

Wenn Sie Ihre Keyword-Recherche professionalisieren und detailliertere Informationen erhalten möchten, können Sie auch Tools wie Ahrefs oder SEMrush verwenden. Diese Tools liefern eine Fülle zusätzlicher Daten zum Suchverkehr und zu Trends, so dass Sie Ihre Keywords gezielter einsetzen und Ihre Content-Strategie verbessern können.

Ahrefs

Ahrefs ist ein weiteres beliebtes Tool für die Keyword-Recherche. Wie der Google Keyword Planner liefert es detaillierte Informationen über Suchvolumen und Wettbewerb für verschiedene Keywords.

Ahrefs verfügt jedoch auch über eine Reihe anderer Funktionen, die Ihnen bei der Optimierung Ihrer Content-Strategie helfen können. So bietet es beispielsweise Backlink[4]-Daten, mit denen Sie die wichtigsten Websites für die von Ihnen gewählten Keywords ermitteln können, sowie ein Tool für Content-Lücken, mit dem Sie Lücken im Content Ihrer Konkurrenten finden können.

Wenn Sie Ihre Keyword-Recherche auf die nächste Stufe heben möchten, kann Ahrefs ein wertvolles Tool für Sie sein. Es bietet Ihnen alle Daten und Einblicke, die Sie benötigen, um leistungsstarke Keywords zu identifizieren und effektive Inhalte zu erstellen, die Ihre Zielgruppe ansprechen.

Wenn Sie zum ersten Mal mit Tools wie Ahrefs oder SEMrush arbeiten, kann es hilfreich sein, ein paar verschiedene Tools auszuprobieren, um dasjenige zu finden, das Ihren Bedürfnissen

---

[4] Backlink: Ein Backlink ist ein Link, der von einer anderen Website auf Ihre zeigt. Linkt also beispielsweise ein Artikel der Wikipedia auf Ihre Website, so haben Sie einen Backlink von Wikipedia.

am besten entspricht. Mit ein wenig Übung können Sie sich schnell zurechtfinden und diese Tools zur Verbesserung Ihrer Keyword-Recherche und Content-Strategie einsetzen.

SEMrush

Wie Ahrefs und der Google Keyword Planner ist auch SEMrush ein beliebtes Tool für die Keyword-Recherche. Es bietet nicht nur detaillierte Einblicke in das Suchvolumen und den Wettbewerb für verschiedene Keywords, sondern auch Funktionen, mit denen Sie die Strategien Ihrer Konkurrenten analysieren und Ihre eigenen Inhalte optimieren können.

SEMrush bietet zum Beispiel detaillierte Analysen der Top-Keywords und der Sichtbarkeit bei der organischen Suche für verschiedene Websites, was ein wertvolles Werkzeug sein kann, wenn Sie herausfinden wollen, wie Sie sich gegenüber Ihren Konkurrenten positionieren sollen. SEMrush bietet auch eine umfassende Funktion zur Wettbewerbsanalyse, mit der Sie die Schlüsselwörter sehen können, auf die jeder Ihrer Konkurrenten abzielt, zusammen mit den entsprechenden Landing Pages und Backlinks.

Ob Sie sich für SEMrush oder Ahrefs entscheiden, hängt ganz von Ihren persönlichen Vorlieben ab. Nach meiner Erfahrung liefern beide hervorragende Ergebnisse. Erwähnenswert ist jedoch, dass Ahrefs zum Zeitpunkt des Schreibens dieses Buches von sich selbst behauptet, der zweitgrößte Crawler[5] des Internets zu sein - direkt nach Google und noch vor Bing.

Ahrefs betreibt auch eine eigene Suchmaschine und bietet eine abgespeckte Version seines Dienstes kostenlos an. Alles, was Sie tun müssen, ist, die Eigentümerschaft Ihrer Website zu verifizieren, was die meisten tun, indem sie Ahrefs Zugriff auf ihre Google Search Console gewähren. Und das wiederum bedeutet, dass Ahrefs über Tonnen (!) von Daten aus Google-Suchen verfügt. Daher bin ich der bescheidenen Meinung, dass Ahrefs bei der Keyword-Recherche vielleicht ein klein wenig besser ist als SEMrush. Letzten Endes sollte es jedoch von Ihnen und Ihren Bedürfnissen abhängen.

Ganz gleich, ob Sie Ahrefs, SEMrush oder ein anderes Tool für die Keyword-Recherche verwenden, entscheidend ist, dass Sie sich die Zeit nehmen, leistungsstarke Keywords zu identifizieren, die zu Ihrer Marke und Ihrer Zielgruppe passen. Mit diesen Daten in der Hand können Sie effektivere Inhalte erstellen, die bei Ihrer Zielgruppe Anklang finden und Ihr Suchranking mit der Zeit verbessern.

---

[5] Crawler: Als Crawler bezeichnet man als Überbegriff unterschiedliche Programme ("Spider" und "Robots"), die Websites (und deren Inhalte) scannen, indem sie den Links auf der jeweiligen Websites folgen.

Ihre eigene Google Search Console

Dieser Tipp gilt natürlich nicht für neue Websites. Aber wenn Ihre Website schon eine Weile online ist, erhalten Sie von Google selbst einen guten Einblick in die Schlüsselwörter. Denn Google zeigt Ihnen genau, für welche Suchbegriffe Ihre Website Impressionen[6] und Klicks[7] erhalten hat. Selbst wenn Ihr Traffic sehr gering ist, kann es also sein, dass Google Ihre Website für eine bestimmte Suchanfrage bereits in seinem Suchindex aufführt. Sie könnten zwar auf Seite 97 der Suchergebnisse stehen, aber es zählt trotzdem als Impression.

Auf der anderen Seite bedeutet dies, dass Sie eine Menge tatsächlicher, realer Daten darüber erhalten, welche Schlüsselwörter die Leute bei ihrer Suche verwenden. Sie können diese Informationen dann nutzen, um Ihre Landing Pages spezifischer zu gestalten oder sogar neue Landing Pages zu erstellen, die auf einige dieser Keywords ausgerichtet sind.

Ihre eigene Google Search Console nicht gründlich zu analysieren, ist ein Fehler, den viele Leute machen. Ihnen stehen fantastische Daten aus dem wirklichen Leben zur Verfügung.

---

[6] Impressionen: Ihre Website taucht in den Suchergebnissen auf. Ob auf Position 1 oder 99 spielt keine Rolle.

[7] Klicks: In diesem Zusammenhang bedeutet dies, dass jemand innerhalb der Suchmaschinenergebnisse auf Ihre Website klickt.

Nutzen Sie diese, um effektivere Inhalte zu erstellen, die bei Ihrer Zielgruppe ankommen.

Eine gute Möglichkeit, sich inspirieren zu lassen

Bei der Keyword-Recherche gibt es keinen richtigen oder falschen Weg. Es geht nur um Ideen und Inspiration. Anstatt sich also immer auf die gleichen Tools zu verlassen, kann es sich lohnen, einige Zeit damit zu verbringen, Inhalte im Internet zu durchstöbern und auf eine andere Art und Weise nach Ideen für Schlüsselwörter zu suchen.

Ein guter Anfang ist es, einfach nach Ihrem gewünschten Schlüsselwort zu suchen und zu sehen, was auftaucht. Wenn Sie beispielsweise Inhalte zum Thema "SEO" erstellen möchten, können Sie bei Google nach diesem Begriff suchen und sehen, was auftaucht. Oft sind die ersten Ergebnisse bekannte Unternehmen oder Vordenker auf diesem Gebiet. Von diesen Websites können Sie sich inspirieren lassen, welche Arten von Schlüsselwörtern in Ihrer Nische typischerweise gut funktionieren und welche Themen es wert sein könnten, dass Sie sie mit Ihren eigenen Inhalten ansprechen.

Ein weiterer guter Ansatzpunkt sind Ihre eigenen Social Media-Kanäle. Da die meisten Menschen soziale Medien nutzen, um sich für ihre Inhalte inspirieren zu lassen, werden Sie vielleicht feststellen, dass Sie, wenn Sie sich ansehen, über welche Inhalte Ihre Follower sprechen, ein besseres Verständnis für die Arten von Schlüsselwörtern gewinnen können, die in Ihrer Branche gut funktionieren.

Sie können auch bei Amazon nach Büchern zu dem Thema suchen, über das Sie schreiben möchten. Finden Sie heraus, welche Inhalte diese haben und wie sie vermarktet werden. Sie können auch auf deren Websites nachsehen, ob sie professionelles Content Marketing betreiben, was bedeutet, dass Sie sicherlich einige ihrer Inhaltsideen und Schlüsselwörter für sich selbst übernehmen können.

Ein weiteres großartiges Tool ist Answerthepublic.com. Dies ist ein beliebtes Tool, bei dem Sie schnell und einfach ein Stichwort eingeben können und dann Hunderte von potenziellen Fragen und Ausdrücken zu diesem Thema angezeigt bekommen. Dies kann eine hervorragende Möglichkeit sein, sich bei der Erstellung von Inhalten zu den von Ihnen gewünschten Stichwörtern oder Themen inspirieren zu lassen.

Letztendlich müssen Sie bei der Keyword-Recherche kreativ sein und Ihre Zielgruppe auf neue Weise betrachten. So können Sie neue Ideen für Inhalte entwickeln, die bei Ihrer Zielgruppe Anklang finden, was Ihre Suchergebnisse im Laufe der Zeit erheblich verbessern kann.

Wenn Sie also effektivere Inhalte erstellen möchten, die zu Ergebnissen führen, sollten Sie mit einer methodischen und kreativen Keyword-Recherche beginnen. Nutzen Sie die Tools und Plattformen, die Ihnen zur Verfügung stehen, wie z.B. Google Search Console, soziale Medienplattformen, Amazon und AnswerThePublic.com, um Ideen zu Schlüsselwörtern zu entwickeln, die für die Interessen Ihrer Zielgruppe relevant sind. Und scheuen Sie sich nicht, bei der Recherche von Schlüsselwörtern ein wenig kreativ zu werden - dies ist oft einer der am meisten übersehenen Schritte bei der Erstellung von Inhalten, der sich jedoch mit der Zeit stark auf Ihre Suchleistung auswirken kann.

Länge der Inhalte und Benchmarking

Nehmen wir an, Sie haben eine sehr gute Liste von Schlüsselwörtern, für die Sie bei Google ranken möchten. Jetzt stellt sich natürlich die Frage: Wie sollten Ihre Inhalte aussehen?

Sollen wir mit einem weithin umstrittenen Thema beginnen? Ich denke, das ist ein Ja. Wir stellen vor: die Länge der Inhalte. Einige SEO-Experten sagen, dass längere Inhalte in Suchmaschinen besser abschneiden, während andere behaupten, dass lange Inhalte weniger effektiv sind als kürzere.

Was ist also die Wahrheit? Nun, das hängt von einer Reihe von Faktoren ab. Zum Beispiel kann die Art der Inhalte, die Sie erstellen, einen großen Einfluss darauf haben, wie lang sie sein sollten. Wenn Sie einen Blogbeitrag oder einen Artikel verfassen, ist es in der Regel am besten, mindestens 1.000 Wörter anzustreben, da Sie dann genügend Platz haben, um ausführliche Informationen und Analysen zu liefern.

Aber heutzutage haben viele Webseiten sogar noch mehr Inhalt als das. Allerdings ist mehr Inhalt auch nicht immer besser. Wenn Sie einen kurzen, listenartigen Blogbeitrag schreiben, der nur ein paar hundert Wörter lang ist, ist es vielleicht nicht nötig, tonnenweise zusätzliche Inhalte zu erstellen, nur um ihn zu verlängern.

Neben der Art des Inhalts kann auch Ihre Keyword-Recherche eine wichtige Rolle dabei spielen, wie lang Ihr Inhalt sein sollte. Wenn Sie beispielsweise auf ein Keyword abzielen, das einen hohen Wettbewerb aufweist und eher informativ ist (z.B. "Wie werde ich fit"), dann kann Ihr Inhalt wahrscheinlich kürzer sein, als wenn Sie auf ein Keyword mit geringerem Wettbewerb und eher kommerzieller Absicht abzielen (z.B. "Yogamatten").

Natürlich gibt es keine pauschale Antwort auf die Frage nach der Länge der Inhalte, denn der beste Ansatz hängt von Ihren Zielen und Ihrer Zielgruppe ab. Aber wenn Sie Ihre Keyword-Recherche durchführen und die Art der Keywords, auf die Sie abzielen, bewerten, können Sie klügere Entscheidungen darüber treffen, wie lang Ihre Inhalte sein sollten, um die Leistung zu maximieren.

Das bringt uns zum nächsten Thema: Benchmarking. Es gibt eine gute Methode, um festzustellen, welche Art von Ergebnissen Google liebt. Und es ist so einfach wie die Eingabe des Suchbegriffs und das Anklicken des ersten nicht bezahlten Suchergebnisses. Denn das ist es, was Google als den besten Inhalt für diesen bestimmten Suchbegriff ansieht. Und somit eben das, was es gilt, durch besseren Content zu übertrumpfen.

Finden Sie heraus, welche Unterthemen diese Seite abdeckt, wie sie strukturiert ist, welche und wie viele Bilder sie enthält usw. Ihre Aufgabe ist es, einen Blogbeitrag oder eine Webseite zu erstellen, die nicht nur genauso gut ist wie die, die Sie gerade analysiert haben, sondern besser. Und genau da beginnt der Spaß.

Links

Links sind ein wichtiger Faktor der On- und Offsite-SEO. Sie können dazu beitragen, Ihr Ranking in den Suchmaschinen zu verbessern, Besucher auf Ihre Website zu leiten und Glaubwürdigkeit bei Ihrem Publikum aufzubauen. Wie sollten

Sie also Links effektiv nutzen, wenn Sie Inhalte für Ihre Website oder Ihren Blog erstellen?

Externe Links

Das Wichtigste zuerst: Warum wollen Sie, dass eine externe Website einen Link zu Ihrer eigenen Website setzt? Hier sind ein paar Gründe dafür:

- **Um den Besucherverkehr anzukurbeln.** Indem Sie relevante Links auf anderen, relevanten Websites auf den Inhalt Ihrer Website verweisen, können Sie potenzielle Besucher auf Ihre Website leiten oder ihnen zusätzliche Informationen zu dem betreffenden Thema anbieten. Dies kann dazu beitragen, die Besucherzahlen zu erhöhen und auch das Engagement der Nutzer zu verbessern.

- **Sie bauen Glaubwürdigkeit bei Ihrem Publikum auf.** Wenn Ihre Website von anderen seriösen Websites erwähnt oder verlinkt wird, können Sie Ihre Glaubwürdigkeit als Experte auf Ihrem Gebiet erhöhen. Dies kann dazu beitragen, das Vertrauen Ihrer Leser zu stärken und sie zu ermutigen, für weitere hochwertige Inhalte zurückzukehren.

- **Zur Verbesserung der SEO-Rankings.** Links von relevanten externen Websites sind ein bekannter

Ranking-Faktor und können die Autorität Ihrer Website in den Suchmaschinen erhöhen, indem sie Ihre Domain-Autorität insgesamt verbessern. Obwohl dies in der Vergangenheit viel wichtiger war, ist es immer noch - ohne Frage - ein wichtiger Ranking-Faktor. Google wertet Links, die von anderen Websites auf Ihre eigene verweisen, als Empfehlung.

Aber wie können Sie diese wertvollen Backlinks erhalten? Nun, der erste Schritt besteht darin, die Websites oder Blogs zu recherchieren, die bereits auf ähnliche Arten von Inhalten verlinken. Welche Art von Links haben sie? Sind sie für Ihre Nische oder Branche relevant? Stammen die Links von hochwertigen, angesehenen Websites oder sind sie "spammy" und von geringer Qualität?

Als Nächstes müssen Sie sich überlegen, wer Ihre Zielgruppe ist und welche Art von Inhalten sie am meisten ansprechen würde. Wenn Sie beispielsweise einen Blogbeitrag oder einen Artikel verfassen, der sich an Unternehmer richtet, möchten Sie vielleicht, dass ein Backlink auf Websites erscheint, die sich mit Themen wie Marketing, Finanzen oder Unternehmertum beschäftigen.

Der beste Weg, um einen Backlink zu erhalten, ist eine personalisierte E-Mail, die auf den jeweiligen Website- oder Blogbesitzer zugeschnitten ist. Darin können Sie erläutern, inwiefern Ihre Inhalte für deren Leser relevant sind und warum Sie glauben, dass es für sie wertvoll wäre, auf Ihre Inhalte zu verlinken.

Natürlich ist auch die Qualität Ihrer Inhalte wichtig, wenn es darum geht, Links von anderen Websites und Blogs zu erhalten. Achten Sie also darauf, dass Sie in Ihren Inhalten qualitativ hochwertige Bilder, Videos und andere Medien verwenden und einen starken Aufruf zum Handeln oder andere überzeugende Aufforderungen zum Handeln hinzuzufügen, um die Leser dazu ermutigen, Ihre Inhalte mit anderen zu teilen.

Während in den Anfängen des Internets die Verlinkung auf eine relevante Website wirklich etwas war, worum man in E-Mails bitten konnte, ist dies heute nicht mehr so üblich. Die harte Wahrheit ist, dass einige Website-Besitzer Geld für die Verlinkung auf Ihre Website verlangen. Offiziell verurteilt Google dies und hat bei mehreren Gelegenheiten erklärt, dass der Kauf solcher Backlinks gegen seine Richtlinien verstößt. Das ändert jedoch nichts an der Tatsache, dass dies eine gängige Praxis unter Website-Besitzern ist. Backlinks sind wertvoll, und Website-Besitzer wissen das und sehen einen Backlink zu Ihnen als eine Art Werbung für ihre Website an, für die sie entschädigt werden möchten.

Wenn Sie also für einen Backlink oder einen gesponserten Beitrag bezahlen müssen, sollten Sie vorsichtig sein. Vergewissern Sie sich, dass die Website, die zu Ihnen zurück verlinkt, von hoher Qualität und für Ihre Nische oder Branche relevant ist. Und behalten Sie stets alle Änderungen im Auge, die Google an den Richtlinien für den Linkaufbau vornimmt - denn das wird sich letztlich auf Ihre Fähigkeit auswirken, in Zukunft hochwertige Backlinks zu generieren und anzuziehen.

Benchmarking von Backlinks

Eine gute Idee ist auch, sich das Backlink-Profil eines Ihrer Konkurrenten anzusehen und es einfach zu kopieren. Auf diese Weise erhalten Sie eine gute Vorstellung davon, welche Websites auf andere Websites in Ihrer Branche verlinken. So lassen sich vielversprechende Ziele für Backlinks ausfindig machen und herausfinden, wo einige Websitebesitzer bereit sein könnten, einen Link zu Ihnen zu setzen. Schließlich haben sie bereits auf Ihre Konkurrenz verlinkt, warum sollten sie also nicht auch auf Sie verlinken?

Achten Sie darauf, dass Sie für dieses Benchmarking einen Konkurrenten wählen, der auf den Ergebnisseiten der Suchmaschine Google weit oben steht. Es ist also eine gute Idee, ein paar Suchanfragen mit Schlüsselwörtern durchzuführen, die für Ihre Nische oder Branche relevant sind, und dann die ersten Ergebnisse durchzublättern. So erhalten Sie einen guten Hinweis darauf, welche Wettbewerber gut abschneiden. Achten Sie darauf, welche Konkurrenten immer unter den ersten 1-3

Ergebnissen erscheinen. Das sind diejenigen, die Google mag und die es wert sind, verglichen zu werden.

Wie können Sie nun herausfinden, welche Websites auf die Website Ihres Konkurrenten verlinken? Es gibt im Wesentlichen zwei Möglichkeiten. Die eine ist kostenlos, erfordert aber etwas Arbeit und die andere ist kostenpflichtig. Schauen wir sie uns an.

Wenn Sie kein Geld für eines der SEO-Tools wie Ahrefs oder SEMrush ausgeben möchten (oder können), können Sie zumindest einige von ihnen mit dem kostenlosen Backlink-Checker-Tool von Ahrefs oder dem Link Explorer von MOZ zu überprüfen:

- https://ahrefs.com/free-seo-tools
- https://moz.com/link-explorer

Sie können auch die normalen Tools wie Ahrefs, SEMrush oder Moz Pro verwenden, um die Top-Websites zu finden, die auf die Inhalte Ihrer Konkurrenten verlinken, und sich direkt an diese Websites oder Blogs wenden, um herauszufinden, ob sie bereit sind, auch auf Ihre Inhalte zu verlinken.

- https://ahrefs.com
- https://semrush.com
- https://moz.com/

Keine wechselseitigen Links

Vor allem in den Anfängen des Internets war es üblich, Links durch einen Linktausch zu erhalten. Das bedeutete, dass Sie einen Link zur Website einer anderen Person auf Ihrer Website platzierten und diese das Gleiche für Sie tun würden. Dies führte zu guten Rankings, da Backlinks eine größere Rolle bei der Bestimmung der Platzierung einer Website spielten und davon abgesehen wenig Möglichkeiten hatten, um algorithmisch die Qualität der Links zu bestimmen. Als die Suchmaschinen jedoch immer ausgefeilter wurden und Faktoren wie die Qualität der Links zu berücksichtigen begannen, geriet diese Praxis zugunsten von hochwertigen Backlinks, die nicht auf Gegenseitigkeit beruhen, in Vergessenheit.

Und warum? Weil Google in der Lage war, "Link-Schummeleien" zu erkennen, bei denen kein echter Inhalt oder eine gute Absicht hinter dem Link stand, sondern nur ein Tausch von Links zwischen Websites. Es gibt sogar eine offizielle Richtlinie zu dieser Praxis.

Sollten Sie also jemals in Versuchung kommen, um einen wechselseitigen Link zu bitten, denken Sie daran, dass dies von Google nicht mehr als akzeptable Praxis angesehen wird. Im besten Fall wird Google es einfach ignorieren. Wenn Sie es übertreiben, könnten Sie sogar eine Strafe riskieren.

Heutzutage gilt die gegenseitige Verlinkung nicht mehr als gute Methode zum Erwerb von Backlinks. Es kann als so genannte "Black Hat"-SEO-Strategie[8] verwendet werden. Das bedeutet, dass sie mit der Absicht durchgeführt wird, den Ranking-Algorithmus zu manipulieren, anstatt qualitativ hochwertige Inhalte und ein gutes Benutzererlebnis zu bieten. Wenn es im Rahmen von Black Hat-SEO durchgeführt wird, funktioniert es normalerweise so, dass die Reziprozität in dem Sinne versteckt wird, dass Website A auf Website B verlinkt, die wiederum auf Website C verlinkt, und diese wiederum auf Website A. Beachten Sie, dass Google mit jeder neuen Version immer intelligenter wird. Wenn es also noch nicht in der Lage ist, die Links zwischen den Websites A, B und C zu erkennen, wird es das in Zukunft tun.

Wechselseitige Backlinks sind also am besten zu vermeiden. Es ist viel besser, sich auf andere Strategien zu konzentrieren, die effektiver sind, wenn es um den Aufbau hochwertiger Backlinks geht.

Do-follow, Nofollow und Sponsored Links

Googles Fokus auf Backlinks als Ranking-Faktor führte schnell zu einer Menge Spam, wo auch immer ein Link platziert werden konnte. Kommentarabschnitte in Online-Blogs waren voll von

---

[8] Black Hat-SEO-Strategien: Die bewusste Manipulation von Suchmaschinenergebnissen unter Ausnutzung von Lücken im System und zweifelhaften Taktiken.

diesen "spammy", willkürlichen Kommentaren, in denen irgendwelche Bots[9] erklärten, wie sehr sie den jeweiligen Blog lieben, und natürlich wurde immer irgendein zweifelhafter Link platziert.

Als Reaktion darauf führte Google die "Nofollow"-Links ein. Diese Links werden von Google nicht als Empfehlung behandelt. Es handelt sich immer noch um Links, die für den Nutzer anklickbar sind, allerdings haben sie keinen Einfluss auf das Suchranking.

Von diesem Zeitpunkt an wurde es im Rahmen des SEO also wichtig, einen Do-Follow-Link von Websites zu erhalten. Dies führte dazu, dass Webmaster andere Websites dafür bezahlten, um einen Do-Follow-Link zu erhalten.

Da auch dies wieder bezahlte Manipulation war, reagierte Google darauf mit dem "Sponsored"-Tag. Ähnlich wie der "Nofollow"-Link teilt ein "gesponserter" Link Google mit, dass die Platzierung des Links nicht wirklich eine "richtige" Empfehlung für die Website ist, auf die er verlinkt. Im Falle des "gesponserten" Links wird einfach das Offensichtliche gesagt: Dieser Link wurde gekauft. Es ist nicht bekannt, ob Google diese Links zählt oder nicht. Aber wahrscheinlich zählt es sie nicht vollständig für das Ranking.

---

[9] Bots: Automatisierte Programme, die mit Personen oder Systemen interagieren können.

Achten Sie also auf diese Art von Links, vor allem, wenn Sie tatsächlich für sie bezahlen.

Letztendlich ist es eine gute Idee, ein gutes Verhältnis zwischen Do-follow und Nofollow Backlinks zu haben. Idealerweise sollten die meisten Ihrer Links Do-Follow-Links sein, da diese dazu beitragen, Ihrer Website in den Augen von Suchmaschinen wie Google einen positiven Ruf zu verschaffen. Sie können jedoch auch einige Nofollow-Links einfügen, um Ihr Backlink-Profil natürlich zu halten.

Sie können feststellen, ob ein Link Nofollow oder Do-follow ist, indem Sie auf das rel="nofollow" oder rel="sponsored" Tag am Ende des Links achten. Wenn er keinen Hinweis auf "nofollow" oder "sponsored" enthält, handelt es sich um einen Do-Follow-Link.

Wenn Sie also in Erwägung ziehen, einen Backlink von einer anderen Website oder einem Blog anzufragen, prüfen Sie immer, ob der Link Nofollow, Sponsored oder Do-follow ist.

Keine billigen und "spammy" Links

Wir haben dieses Thema bereits im vorherigen Unterkapitel angesprochen. Aber lassen Sie es uns noch einmal betonen. Es gibt Leute im Internet, die Ihnen Hunderte oder sogar Tausende von Do-Follow-Backlinks zu sehr angenehmen Preisen verkaufen wollen.

Aber hüten Sie sich vor diesen so genannten "Linkpaketen". Google schätzt Qualität mehr als Quantität, wenn es um Backlinks geht. Es ist weitaus besser, sich auf den Aufbau einiger weniger hochwertiger Links zu konzentrieren, als auf Hunderte oder Tausende von Spam-Links.

Letztendlich ist es am besten, mit seriösen Blogs und Websites zusammenzuarbeiten, um hochwertige Backlinks zu erhalten. Wenn Sie sich für ein Linkpaket entscheiden, werden Sie praktisch immer über den Tisch gezogen. Mal wird man Ihnen die oben erwähnten Spam-Kommentare in Blogs anbieten. Und manchmal sogar von gehackten Websites. Sie werden allerdings niemals tatsächlich hochwertige Backlinks erhalten.

Und denken Sie daran: Sie bauen Ihren Ruf im Internet auf, also tun Sie nichts, was ihm schadet!

Zusammenfassend lässt sich sagen, dass es einige wichtige Dinge zu beachten gilt, wenn Sie versuchen, hochwertige Backlinks für Ihre Website aufzubauen:

- Vermeiden Sie wechselseitige Backlinks, da Google diese nicht als echte Stimmen für Ihre Website zählt.

- Verwenden Sie keine billigen und "spammy" Linkpakete. Arbeiten Sie stattdessen mit seriösen Websites zusammen, um hochwertige Backlinks zu erhalten.

- Achten Sie auf die Art der Links, die Sie erstellen. Do-Follow-Links sind wertvoll, aber achten Sie auch darauf, dass Ihr Backlink-Profil aus einer guten Mischung von Backlinks besteht, damit es natürlich aussieht.

Wenn Sie diese Tipps befolgen, können Sie damit beginnen, qualitativ hochwertige Backlinks für Ihre Website aufzubauen und Ihr Suchmaschinenranking zu verbessern.

Denken Sie vor allem daran, dass Links nur ein Teil des Puzzles sind, wenn es um die SEO-Leistung geht. Je mehr künstliche Intelligenz in Googles Algorithmus Einzug hält, desto besser kann Google beurteilen, welche Inhalte von hoher Qualität sind, ohne sich auf die (relativ leicht) manipulierten Backlink-Profile von Websites verlassen zu müssen.

Konzentrieren Sie sich also darauf, wirklich wertvolle, hochwertige Inhalte zu erstellen und Ihrem Publikum einen Mehrwert zu bieten, der über einfaches Linkbuilding hinausgeht. Wenn Ihnen das gelingt, werden die Links automatisch und kostenlos folgen. Und Ihre Website-Rankings werden sich ebenfalls verbessern.

Interne Links

Neben der Verlinkung zu externen Websites sollten Sie auch interne Links in Ihre Inhalte einbauen. Das sind Links, die von einer Seite Ihrer Website auf eine andere Seite derselben Website verweisen.

Einige Gründe für die Aufnahme interner Links in Ihren Inhalt sind:

- Sie helfen Besuchern, relevante Inhalte auf Ihrer Website zu finden, was die Benutzerfreundlichkeit verbessert und das Engagement erhöht.

- Die Autorität anderer Seiten auf Ihrer Website, so dass Suchmaschinen wissen, dass alle Ihre Seiten wertvoll und wichtig für die Benutzer sind.

- Verbesserung der allgemeinen Navigation auf Ihrer Website, was dazu beitragen kann, dass die Besucher länger auf Ihrer Website bleiben und die Wahrscheinlichkeit erhöht, dass sie etwas unternehmen (z.B. einen Newsletter abonnieren oder einen Kauf tätigen).

Unabhängig von der Art der Inhalte, die Sie erstellen - Blogbeiträge, Produktbeschreibungen, Fallstudien oder etwas anderes - ist die strategische Einbindung interner Links ein wichtiger Weg, um Ihr Suchmaschinenranking zu verbessern und mehr Besucher auf Ihre Website zu bringen.

Google hat an mehreren Stellen die Wichtigkeit interner Links in der Priorisierung der Seiten einer Webpräsenz erwähnt. Stellen Sie also sicher, dass Sie von allen Unterseiten und Blogbeiträgen auf Ihre Hauptseiten verlinken. Hauptseiten sind dabei die Seiten, mit denen Sie am liebsten bei Google ganz oben dabei wären. Nehmen wir also an, Sie würden gerne mit dem Schlüsselwort „Yogamatten" auf Position 1 auftauchen, so würden Sie idealerweise von allen Unterseiten Ihrer Webpräsenz einen internen Link auf Ihre Yogamatten Seite platzieren und den Anchor „Yogamatten" dafür verwenden. Wenn also der Google-Crawler auf Ihrer Website vorbeikommt, wird er auf jeder Unterseite den Link zu den Yogamatten feststellen und dieser Seite eine dementsprechend höhere Wichtigkeit einräumen.

Wenn Sie also noch keine internen Links in Ihre Content-Strategie aufgenommen haben, ist es an der Zeit, damit zu beginnen! Je strategischer Sie auf wertvolle, hochwertige Seiten von Ihren Unterseiten verlinken, desto besser. Denken Sie nur daran, sie klug einzusetzen — und übertreiben Sie es nicht. Dann werden im Handumdrehen bessere Ergebnisse erzielen.

Verlinkung zu externen Websites

Ob Sie auf andere Websites verlinken sollten oder nicht, ist ein weiteres Thema, das unter SEOs ein wenig umstritten ist. Auf der Grundlage von Dutzenden von Websites, an denen ich gearbeitet habe, lautet meine klare Empfehlung: Ja! Meiner Erfahrung nach trägt die Verlinkung zu hochwertigen Websites in Ihren Inhalten dazu bei, dass Ihre eigenen Inhalte besser ranken. Und warum? Es sieht ganz danach aus, als ob Google dies als einen Service für Ihre Leser betrachtet. Schließlich sollen Links den Nutzern helfen, tiefer in ein Thema einzutauchen. Wenn Sie also auf andere relevante Websites verlinken, tun Sie genau das, indem Sie Ihren Lesern helfen, wertvollere Inhalte zum selben Thema zu finden.

Abgesehen davon kann die Verlinkung zu fremden Websites so verstanden werden, dass Sie auf Ihre Quellen verweisen. Welchen Text würden Sie lieber lesen wollen? Einen, der auf tatsächlichen, zuverlässigen Quellen beruht? Oder einen, der keine Quellen hat und vielleicht sogar einen Großteil seiner Informationen erfindet?

Fügen Sie also auf jeden Fall Links zu anderen Websites in Ihren Inhalt ein - aber versuchen Sie, diese zu hochwertigen, seriösen Websites zu machen, die für das betreffende Thema relevant sind. Dies wird Ihre SEO-Performance verbessern und Ihren Lesern einen Mehrwert bieten, denn sie werden es zu schätzen wissen, dass Sie die Möglichkeit haben, tiefer in das Thema Ihrer Wahl einzutauchen.

Einige Tipps für die Platzierung guter Links:

- Recherchieren Sie andere hochwertige Websites in Ihrer Nische oder Branche und schauen Sie, wohin diese verlinken. Könnten Sie auf etwas Ähnliches oder sogar noch Hilfreicheres verlinken?

- Suchen Sie nach Möglichkeiten, externe Links auf natürliche Weise in Ihre Inhalte einzubauen, anstatt einfach nur eine Reihe von Links am Ende einzufügen. Dadurch wird Ihr Inhalt viel nützlicher und ansprechender für Ihre Leser.

- Sehen Sie sich Forschungsstudien an, z.B. auf scholar.google.com, und verlinken Sie sie, wann immer es sinnvoll ist. Wer würde nicht gerne Blogartikel lesen, die auf wissenschaftlichen Erkenntnissen beruhen?

Regelmäßig neue Inhalte

Ein weiterer wichtiger Faktor für ein gutes Ranking sind regelmäßig neue Inhalte auf Ihrer Website. Suchmaschinen betrachten dies als Indikator für eine qualitativ hochwertige Website, die ihren Nutzern aktiv nützliche Informationen zur

Verfügung stellt, und es ist viel wahrscheinlicher, dass sie in den Suchergebnissen hoch eingestuft wird.

Um regelmäßige neue Inhalte zu erhalten, können Sie verschiedene Ansätze in Betracht ziehen. Sie könnten zum Beispiel:

- Regelmäßig neue Blogbeiträge nach einem bestimmten Zeitplan veröffentlichen, z.B. wöchentlich oder monatlich.

- Nach Möglichkeiten suchen, um regelmäßig neue Infografiken, Fallstudien oder andere Arten von Inhalten zu erstellen, die sich leicht teilen und verlinken lassen.

- Mit Gastautoren zusammenarbeiten, um neue Perspektiven und Ideen von anderen Experten auf Ihrem Gebiet zu erhalten.

Ganz gleich, welchen Ansatz Sie wählen, entscheidend ist, dass Sie konsequent sind und sich verpflichten, regelmäßig neue Inhalte zu erstellen, die qualitativ hochwertig und für Ihre Leser interessant sind. Auf diese Weise verbessern Sie Ihr Suchranking und sorgen mit der Zeit für mehr Besucher auf Ihrer Website. Sie müssen es aber nicht übertreiben. Es ist besser, jeden Monat ein paar neue, hochwertige Inhalte zu veröffentlichen, als jede Woche Dutzende von mittelmäßigen Beiträgen. Seien Sie also strategisch und konsequent in Ihren Bemühungen.

Übrigens hat Google erklärt, dass dies kein Ranking-Faktor an sich ist. Sondern eher in dem Sinne, dass Ihre Website natürlich mehr Chancen hat, für etwas zu ranken, wenn es viel darauf gibt. Nach meiner eigenen Erfahrung spielt die Menge der veröffentlichten Inhalte tatsächlich eine Rolle. Ich habe normalerweise erst dann richtig viel Traffic bekommen, als meine Website mindestens 100 Inhalte (Blogartikel und Landing Pages) enthielt.

Verbessern Sie Ihre alten Inhalte

Den Inhalt einer Website auf dem neuesten Stand zu halten, ist aus SEO-Sicht unglaublich wichtig. Sie müssen nicht nur regelmäßig neue Inhalte veröffentlichen, sondern auch Ihre bestehenden Inhalte regelmäßig überprüfen und aktualisieren.

Einige Gründe, warum es wichtig ist, alte Inhalte zu aktualisieren, sind:

- Suchmaschinen bevorzugen in der Regel Websites, die frische Informationen bieten. Wenn Sie also Ihre älteren Beiträge regelmäßig aktualisieren und verbessern, können Sie Ihr Suchranking mit der Zeit verbessern.

- Wenn Sie alte Inhalte regelmäßig aktualisieren, halten Sie die Nutzer bei der Stange, was im Laufe der Zeit zu mehr Likes und Links führen kann.

- Die Aktualisierung alter Beiträge kann Ihnen dabei helfen, neue Keyword-Möglichkeiten zu finden, die sich seit der Veröffentlichung des ursprünglichen Beitrags ergeben haben. Wenn Sie zum Beispiel einen Blogartikel darüber schreiben, wie man den perfekten Kuchen backt, und dann ein neues Küchengerät auf den Markt kommt, mit dem Sie dieses Ziel leichter erreichen können, könnten Sie einen Link zu diesem Produkt in Ihre Aktualisierung aufnehmen.

Es gibt viele verschiedene Möglichkeiten, alte Inhalte zu aktualisieren, zum Beispiel:

- Recherchieren Sie nach Schlüsselwörtern, um festzustellen, ob es relevante Suchbegriffe gibt, die in Ihren Beiträgen fehlen.

- Prüfen Sie, ob Ihre Inhalte fehlerhafte Links enthalten, und beheben Sie diese nach Möglichkeit.

- Führen Sie eine Inhaltsprüfung durch, um "Zombie-Seiten" oder doppelte Inhalte auf Ihrer Website zu identifizieren und diese gegebenenfalls zu löschen oder zu konsolidieren.

- Überprüfen Sie Ihre Beiträge auf Rechtschreib- und Grammatikfehler und beheben Sie diese.

- Aktualisieren Sie veraltete Informationen, wie z.B. sich ändernde Statistiken über die Wirtschaft oder Preise in einer bestimmten Branche.

Wenn es Ihnen ernst damit ist, Ihre SEO-Ergebnisse zu verbessern und langfristig mehr Besucher auf Ihre Website zu leiten, ist es unerlässlich, Ihre bestehenden Inhalte regelmäßig zu überprüfen und zu aktualisieren. Der Schlüssel liegt darin, strategisch zu entscheiden, welche Inhalte Sie aktualisieren und wie oft, damit Sie die Wirkung jeder Überarbeitung maximieren können. Mit ein wenig Zeit und Mühe werden Ihre Inhalte auch in den kommenden Jahren für mehr Besucher auf Ihrer Website sorgen.

E-Mail Marketing erklärt

Beginnen wir mit den Grundlagen: Was zum Kuckuck ist E-Mail-Marketing? Einfach ausgedrückt, geht es darum, mit Hilfe von E-Mails eine Beziehung zu einem Publikum aufzubauen. Ihr Ziel ist es nicht, für Ihre Produkte oder Dienstleistungen zu werben. Ihr Ziel ist es, den Empfänger für Sie zu erwärmen. Ihr Publikum soll Ihnen so sehr vertrauen, dass es schließlich bei Ihnen kauft.

Aber lassen Sie sich nicht täuschen: E-Mail-Marketing erschöpft sich nicht darin, einen wöchentlichen Newsletter zu verschicken. In diesem Kapitel befassen wir uns mit den Taktiken und Strategien zur Erstellung erfolgreicher E-Mail-Kampagnen. Vom Aufbau einer E-Mail-Liste bis hin zur Gestaltung unwiderstehlicher Betreffzeilen - dieses Kapitel bietet Ihnen alles, was Sie brauchen.

Wie Sie Ihre E-Mail-Liste aufbauen können

Das Wichtigste zuerst: Um überhaupt anfangen zu können, müssen Sie eine Möglichkeit einrichten, mit der sich Personen für den Empfang Ihrer E-Mails anmelden können. Und alle E-Mail-Adressen, die Sie sammeln, in Ihr Gmail-Konto aufzunehmen, ist nicht der richtige Weg.

In diesem Kapitel zeigen wir Ihnen, wie Sie Opt-in-Formulare und Pop-ups verwenden, um E-Mail-Adressen von Besuchern Ihrer Website zu sammeln. Wir gehen auch darauf ein, wie wichtig es ist, etwas Wertvolles im Austausch für die E-Mail-Adresse anzubieten (auch bekannt als Lead Magnet).

Die Softwareanbieter für E-Mail-Marketing

Um zuverlässig E-Mail-Newsletter und Marketingkampagnen an ein interessiertes Publikum zu versenden, ist es wichtig, E-Mail-Marketing-Software zu verwenden. Diese Dienste erleichtern Ihnen nicht nur das Versenden und das Tracking Ihrer E-Mails, sondern sie sorgen auch dafür, dass Ihre E-Mails nicht automatisch als Spam markiert werden.

Gute Anbieter von E-Mail-Marketing-Software bieten eine Komplettlösung an. Das bedeutet, dass Sie von einer einzigen Plattform aus Opt-in-Formulare einrichten, E-Mail-Kampagnen erstellen und versenden, Ihre Zielgruppe segmentieren und die Leistung Ihrer E-Mails analysieren können. Aber lassen Sie uns diese Begriffe und ihre Bedeutung einmal näher betrachten, einverstanden?

Ein Opt-in-Formular ist eine Möglichkeit, mit der sich Personen für den Erhalt Ihrer E-Mails anmelden können. Das Formular können Sie auf Ihrer Website platzieren, so dass sich Ihre Kunden leicht anmelden können. Ich bin sicher, dass Sie bereits ein solches Formular gesehen haben. Das sind die kleinen Kästchen, in denen Sie um Ihre E-Mail-Adresse gebeten werden, um im Gegenzug einen Lead-Magneten oder Zugang zu einem exklusiven Angebot zu erhalten.

Einige Anbieter bieten Ihnen sogar die Möglichkeit, im Handumdrehen eine sogenannte Squeeze Page zu erstellen. Dies ist eine Landing Page, die ausschließlich dem Sammeln von E-Mail-Adressen dient. Sie können einen Lead Magneten erstellen und ihn auf dieser Webseite bewerben. Und dann können Sie z.B. Facebook-Anzeigen schalten, um den Traffic auf Ihre Squeeze Page zu lenken und zu hoffen, dass sich viele Leute anmelden werden.

Einige Anbieter integrieren sich sogar in beliebte Website-Baukästen wie Wix oder Shopify, so dass Sie ganz einfach E-Mail-Adressen von Besuchern Ihres Online-Shops sammeln können.

Die Segmentierung Ihrer Zielgruppe bedeutet, dass Sie diese anhand bestimmter Merkmale in kleinere Gruppen aufteilen. Das kann der Standort, die Kaufhistorie oder sogar die Art des Geräts sein, mit dem die Empfänger Ihre E-Mails öffnen. Indem Sie Ihr Publikum segmentieren, können Sie ihm gezieltere und personalisierte E-Mails schicken, was zu einer höheren Beteiligung und Konversionsrate führt. Stellen Sie sich vor, Sie besitzen einen Online-Shop für Musikinstrumente. Es wäre sinnvoll zu wissen, ob ein Abonnent ein Musiker oder ein Musikproduzent ist. Auf der Grundlage dieser Segmentierung würden Sie den Musiker nicht mit Tipps für eine gute Musikproduktion langweilen und umgekehrt.

Die Analyse der Leistung Ihrer E-Mail-Kampagnen ist wichtig, denn sie hilft Ihnen zu verstehen, was bei Ihrer speziellen Zielgruppe funktioniert und was nicht. Sie hilft Ihnen auch, Ihre zukünftigen Kampagnen zu verbessern und sicherzustellen, dass Sie Ihre Zeit und Ressourcen effizient nutzen. Ein guter Anbieter von E-Mail-Marketing-Software wird Ihnen Einblicke in Kennzahlen wie Öffnungsrate, Klickrate und Abmelderate geben. Dies sind auch die KPIs im Bereich des E-Mail-Marketings. Und die Begriffe sind ziemlich selbsterklärend: Die Öffnungsrate ist der prozentuale Anteil der Personen, die Ihre E-Mail tatsächlich öffnen, die Klickrate ist der prozentuale Anteil der Personen, die auf einen Link in Ihrer E-Mail klicken, und die Abmelderate ist der prozentuale Anteil der Personen, die Ihre E-Mails nicht mehr erhalten möchten und sich abmelden.

Einige der besten Softwareanbieter für E-Mail-Marketing sind:

- Mailchimp
- Constant Contact und
- ConvertKit.

Sie bieten in der Regel eine kostenlose Einsteigerversion an, wenn Sie allerdings das volle Potenzial der Plattform nutzen und E-Mail-Kampagnen an ein größeres Publikum versenden möchten, müssen Sie ein Upgrade auf einen kostenpflichtigen Tarif vornehmen. Aber keine Sorge, die Preise sind für den gebotenen Wert sehr angemessen. Vor allem, wenn Sie die Kosten für E-Mail-Marketing mit denen für den Versand eines echten Newsletters per Briefpost vergleichen.

Squeeze Page und Lead Magnet

Beginnen wir mit dem Einrichten Ihres Anmeldeformulars oder Ihrer Squeeze Page. Halten Sie das Design sauber und einfach, mit einer klaren Aufforderung zum Handeln. Stellen Sie sicher, dass Sie etwas Wertvolles im Austausch für die E-Mail-Adresse anbieten, z.B. ein kostenloses E-Book oder einen exklusiven Rabattcode. Übertreiben Sie es hier aber nicht. Vergessen Sie nicht, dass der Nutzer kalt ist. Er kennt Sie noch nicht, er mag Sie noch nicht. Wenn Sie ihm ein 400-seitiges E-Book schicken, kann es sein, dass er es zwar herunterlädt, aber nicht liest.

Und was würde dann passieren? Mit jeder E-Mail, die Sie verschicken, beschleicht den Empfänger das Gefühl, dass er zuerst Ihr Buch lesen sollte, bevor er Geld für Ihre Dienste ausgibt. Und so kann es passieren, dass der Empfänger nach ein paar E-Mails die Abmeldetaste drückt und Ihre ganze Arbeit, um an seine E-Mail-Adresse zu kommen, umsonst war.

Es ist also besser, mit etwas Kleinem anzufangen. Ein kurzes, aber knackiges E-Book zum Beispiel. 15 Seiten, die die Probleme des Interessenten aufgreifen und ihm einen echten Vorteil bieten. Eine Checkliste oder 20 Empfehlungen für großartige Softwareanbieter in der jeweiligen Nische. Ein Hörbuch mit einer Meditation oder einer Hypnose gegen Angst vor dem Zahnarzt. Ein Buch mit Erfahrungsberichten Ihrer Kunden, die ihre Geschichte erzählen und wie Ihre Dienstleistung oder Ihr Produkt ihnen geholfen hat. Und so weiter. Sie verstehen, was ich meine.

Von dort aus können Sie dann mehr wertvolle Inhalte zur Verfügung stellen und die Interessenten langsam für die Idee erwärmen, Sie besser kennen zu lernen, Ihnen zu vertrauen, Sie zu mögen und schließlich möglicherweise bei Ihnen zu kaufen.

Wenn Sie keine Ahnung von der technischen Seite des Internets haben, machen Sie sich keine Sorgen. Die meisten Anbieter von E-Mail-Marketing-Software verfügen über eine Funktion zur Erstellung von Opt-in-Formularen, die sich leicht in Ihre Website integrieren lassen. Zum Beispiel über ein Wordpress-Plugin. Auch darauf werden wir später in diesem Buch eingehen. Machen Sie sich also keine Sorgen. Es ist kinderleicht.

Seien Sie kein Spammer

Lassen Sie uns nun über ein sehr wichtiges Thema in der Welt des E-Mail-Marketings sprechen: Spamming.

Ja, ich weiß, es mag verlockend erscheinen, einfach eine Million E-Mail-Adressen zu kaufen und sie alle mit Ihren Angeboten zu bombardieren. Aber glauben Sie mir, das wird auf lange Sicht nicht funktionieren.

Zum einen ist die Wahrscheinlichkeit groß, dass ein guter Prozentsatz dieser E-Mail-Adressen Ihnen nicht in der Absicht gegeben wurde, Marketing-E-Mails zu erhalten. Wahrscheinlich haben sich diese Personen nicht einmal dafür entschieden. Jetzt belästigen Sie diese Menschen nicht nur mit Ihren unerwünschten E-Mails, sondern werden möglicherweise auch als Spam markiert. Und wenn zu viele Benutzer dies tun, kann dies Ihrem Ruf als Absender schaden und es Ihren zukünftigen Marketing-E-Mails erschweren, die Posteingänge derjenigen zu erreichen, die sich tatsächlich für den Erhalt dieser E-Mails entschieden haben.

Es besteht auch die Gefahr, dass das Ganze in einem Rechtsstreit endet, der Ihr Unternehmen möglicherweise zerstören könnte.

Und selbst wenn sich eine Person für den Erhalt von Marketing-E-Mails von Ihnen entschieden hat, sollten Sie sicherstellen, dass Sie ihr relevante Inhalte zusenden. Bombardieren Sie sie nicht einfach ständig mit Angeboten. Das wird sie nicht nur verärgern, sondern könnte auch die Chancen verringern, dass sie in Zukunft tatsächlich bei Ihnen kauft.

Konzentrieren Sie sich stattdessen auf den Aufbau einer Beziehung zu Ihren Abonnenten durch wertvolle Inhalte und Angebote, die für den Empfänger wirklich relevant sind. Auf diese Weise werden sie nicht nur eher bereit sein, bei Ihnen zu kaufen, sondern sie werden vielleicht sogar zu Fürsprechern Ihrer Marke und erzählen ihren Freunden und Verwandten von Ihrem Unternehmen.

Heutzutage ist es so gut wie Standard, das so genannte Double-Opt-In-System zu verwenden. Das bedeutet, dass jemand, nachdem er das Opt-in-Formular auf Ihrer Website oder über eine Landing Page ausgefüllt hat, eine Bestätigungs-E-Mail mit einem Link erhält, über den er bestätigen kann, dass er tatsächlich E-Mails von Ihnen erhalten möchte. Und erst nachdem sie dies bestätigt haben, werden sie in Ihre E-Mail-Liste aufgenommen.

Und noch ein letzter Tipp: Stellen Sie sicher, dass Ihre Kunden immer eine einfache Möglichkeit haben, sich aus Ihrer E-Mail-Liste auszutragen, wenn sie keine E-Mails mehr von Ihnen erhalten möchten. Denn nichts ärgert einen Menschen mehr, als wenn er sich nicht einfach aus Ihrer E-Mail-Liste austragen kann.

Denken Sie also daran: Seien Sie kein Spammer. Bauen Sie Beziehungen auf und bieten Sie einen Mehrwert. Kurz gesagt: Seien Sie ein Freund.

Segmentierung Ihrer Liste

Ein weiterer wichtiger Aspekt des E-Mail-Marketings ist die Segmentierung. Das bedeutet, dass Sie Ihre Abonnenten nach bestimmten Kriterien, wie z.B. ihren Interessen oder früheren Käufen, aufteilen und jedem Segment gezielte E-Mails senden.

Warum ist das so wichtig? Nun, denken Sie darüber nach. Würden Sie lieber allgemeine E-Mails erhalten, die nichts mit Ihren Interessen zu tun haben, oder E-Mails, die speziell auf das zugeschnitten sind, wofür Sie sich interessieren?

Wenn Sie Ihre Liste segmentieren und gezielte E-Mails versenden, werden nicht nur die Öffnungs- und Klickraten Ihrer Kampagnen wahrscheinlich steigen, sondern auch die Zufriedenheit Ihrer Abonnenten zunehmen. Und zufriedene Abonnenten bedeuten treue Kunden.

Stellen Sie also sicher, dass Sie während des Opt-in-Prozesses so viele Informationen wie möglich über Ihre Abonnenten sammeln, und nutzen Sie diese, um sie effektiv zu segmentieren.

A/B-Tests erklärt

Moderne E-Mail-Marketing-Software verfügt über eine Funktion namens A/B-Tests. Das bedeutet, dass Sie zwei verschiedene Versionen derselben E-Mail an einen kleinen Teil Ihrer Liste versenden und dann deren Leistung in Bezug auf die Öffnungs- und Klickraten vergleichen.

Sie müssen diese Methode nicht immer anwenden, aber sie kann Ihnen helfen, wertvolle Erkenntnisse darüber zu gewinnen, was bei Ihrer Zielgruppe ankommt und was nicht. Durch kontinuierliche A/B-Tests können Sie die Leistung Ihrer E-Mail-Marketingkampagnen ständig optimieren und verbessern.

A/B-Tests - oft auch als Split-Tests bezeichnet - funktionieren am besten, wenn Sie nur eine Kleinigkeit ändern. Zum Beispiel zwei verschiedene Betreffzeilen. Eine gute E-Mail-Marketing-Software bietet Ihnen dies an und arbeitet dann wie folgt: Sie sendet Version A Ihrer E-Mail an eine bestimmte Anzahl von Empfängern. Sagen wir 50. Gleichzeitig sendet sie Version B an andere 50 Empfänger. Die Version, die am häufigsten geöffnet wurde, gewinnt. Und die Software sendet diese Variante dann automatisch an alle anderen Empfänger in Ihrer Liste.

Ziemlich fortschrittliche und hilfreiche Funktion! Nutzen Sie es also unbedingt, wenn Ihre E-Mail-Marketing-Software es anbietet.

Autoresponder

Ein weiteres nützliches Feature im E-Mail-Marketing sind Autoresponder-Serien. Dabei handelt es sich um vorgefertigte, geplante E-Mails, die automatisch an neue Abonnenten verschickt werden, sobald diese sich für Ihre Liste angemeldet haben.

Stellen Sie sich vor, Sie haben eine Reihe von Evergreen-Inhalten, von denen Sie glauben, dass sie Ihrem Publikum wirklich helfen würden, z.B. eine Reihe von Tipps oder einen E-Mail-Kurs. Dann können Sie den Autoresponder so einrichten, dass er alle paar Tage eine E-Mail verschickt und diese Inhalte automatisch an Ihre neuen Abonnenten übermittelt.

Das heißt also, wenn Person A - nennen wir sie Peter - sich am 01.12. für eine zweiwöchige Autoresponder-Serie anmeldet, die alle drei Tage eine E-Mail versendet, erhält er seine erste E-Mail am 03.12., die zweite am 06.12., die dritte am 09.12. und so weiter.

Wenn Person B - nennen wir sie Marie - sich bei demselben Autoresponder anmeldet, aber ein halbes Jahr später, erhält sie dieselbe erste E-Mail am 03.06., die zweite am 06.06., die dritte am 09.06. und so weiter.

Autoresponder sind genial, denn sie können optimiert werden und bieten, wenn sie richtig eingesetzt werden, einen immensen Nutzen für Ihre Zielgruppe - was letztendlich zum Wachstum Ihres Unternehmens beiträgt. Nutzen Sie diese Funktion also unbedingt, wenn Sie sie zur Verfügung haben.

Darüber hinaus können Sie mit einem E-Mail-Autoresponder Zeit sparen, da Sie diese E-Mails nicht mehr manuell versenden müssen, und es ermöglicht Ihnen auch, mit Ihrem Publikum in Kontakt zu bleiben und ihm kontinuierlich einen Mehrwert zu bieten.

Warum sollten Sie sich die Mühe machen, eine Autoresponder-Serie einzurichten? Zum einen können Sie damit neue Abonnenten an Bord holen und sie mit Ihnen und Ihrer Marke bekannt machen. Außerdem können Sie damit nützliche Inhalte versenden, Beziehungen und Vertrauen zu Ihren Abonnenten aufbauen und natürlich für Ihre Produkte oder Dienstleistungen werben.

Sie können eine einfache Autoresponder-Serie einrichten, die nur eine Begrüßungs-E-Mail und ein paar E-Mails enthält, die Ihre neuesten Blogbeiträge oder Produkte bewerben. Sie können aber auch fortgeschrittener vorgehen und eine Reihe von hilfreichen E-Mails einrichten, um Ihre Abonnenten zu informieren und die Vorfreude auf eine Produkteinführung zu steigern. Die Möglichkeiten sind unbegrenzt - alles hängt von Ihren Zielen ab und davon, was Sie mit Ihrem E-Mail-Marketing erreichen wollen.

Prüfen Sie also unbedingt, ob eine Autoresponder-Serie für Sie und Ihre Content-Marketing-Strategie sinnvoll ist.

Newsletter

Dies ist der klassische Ansatz. Ein Newsletter ist eine regelmäßig erscheinende E-Mail, wöchentlich, monatlich oder sogar vierteljährlich, die Aktualisierungen und Informationen aus Ihrem Unternehmen enthält. Dies ist eine gute Möglichkeit, mit Ihren Abonnenten in Kontakt zu bleiben und ihnen gleichzeitig wertvolle Inhalte zu liefern.

Newsletter können Links zu aktuellen Blogbeiträgen, Werbeaktionen für Produkte oder Dienstleistungen, Ankündigungen von Veranstaltungen oder Webinaren und vieles mehr enthalten. Oder teilen Sie Ihren Abonnenten einfach mit, was Sie in der letzten Woche so gemacht haben. Wie bereits in diesem Buch erwähnt: Seien Sie kein weiteres gesichtsloses Unternehmen ohne Geschichte, das versucht, mit dem Versenden von E-Mails Geld zu verdienen.

Stellen Sie Ihre Persönlichkeit, Ihre Geschichte und die Menschen hinter Ihrem Unternehmen vor. Teilen Sie Ideen, bitten Sie um Feedback, bieten Sie Hilfe an, inspirieren Sie, bilden Sie weiter. Das ist es, was einen Newsletter interessant und wertvoll für Ihr Publikum macht.

Achten Sie also darauf, dass Sie nicht nur ab und zu unpersönliche Werbe-E-Mails verschicken, sondern richten Sie einen regelmäßigen Newsletter-Zeitplan ein, um wirklich mit Ihren Abonnenten in Kontakt zu treten und ihnen einen Mehrwert zu bieten – denn das ist es, was letztendlich zum Wachstum Ihres Unternehmens beitragen wird.

Erstellen Sie überzeugende E-Mails

Nachdem wir all das geklärt haben, kommen wir nun zu dem Teil, der Spaß macht: die Erstellung Ihrer E-Mails, die aus den überfüllten Postfächern Ihrer Abonnenten herausstechen sollen.

Für eine erfolgreiche E-Mail-Marketingkampagne müssen Sie E-Mails erstellen, die für Ihre Abonnenten wirklich interessant sind.

Mit einer aussagekräftigen Betreffzeile und auffälligem Bildmaterial können Sie die Aufmerksamkeit Ihrer Abonnenten erregen und sie zum Öffnen der E-Mail bewegen. Mit wertvollen Inhalten und Angeboten in der E-Mail halten Sie das Interesse Ihrer Abonnenten wach. Und eine klare Aufforderung zum Handeln wird die Empfänger dazu bringen, die gewünschte Aktion durchzuführen, sei es ein Kauf oder die Anmeldung zu einer Veranstaltung.

Es ist auch wichtig, verschiedene Elemente Ihrer E-Mails zu testen, wie z.B. Betreffzeilen und Sendezeiten, um herauszufinden, was bei Ihrer Zielgruppe am besten ankommt. Und vergessen Sie nicht, Ihre E-Mail-Analysen im Auge zu behalten, um die Leistung Ihrer Kampagnen kontinuierlich zu verbessern.

Die perfekte Betreffzeile entwerfen

Sie haben Ihre E-Mail-Liste aufgebaut und einen Software-Anbieter ausgewählt. Aber was ist mit den eigentlichen E-Mails, die Sie versenden werden? Es ist wichtig, dass Ihre E-Mails einen überzeugenden Inhalt aufweisen, aber noch bevor jemand die E-Mail öffnet, wird er die Betreffzeile sehen. Wie schreiben Sie also eine Betreffzeile, die jemanden dazu veranlasst, Ihre E-Mail zu öffnen?

Vermeiden Sie zunächst einmal Floskeln oder übermäßige Zeichensetzung. Das kann als spammig empfunden werden und die Abonnenten abschrecken. Konzentrieren Sie sich stattdessen auf eine klare und prägnante Betreffzeile, die den Inhalt der E-Mail genau wiedergibt und eine gewisse Dringlichkeit oder Aufregung vermittelt.

Es ist auch hilfreich, die Betreffzeile mit dem Namen des Abonnenten oder anderen Informationen zu personalisieren, da dies die Öffnungsrate erhöhen kann. Und vergessen Sie nicht, verschiedene Versionen Ihrer Betreffzeile in A/B-Tests zu testen, um zu sehen, welche am besten funktioniert.

Probieren Sie selbst doch direkt mal ein paar aufmerksamkeitsstarke Betreffzeilen! Sie werden bestimmt schnell Erfolge erzielen und sehen, was funktioniert.

Einige Beispiele sind:

- Johannes, jetzt zeitlich begrenztes Angebot holen!
- [EILMELDUNG]: Unternehmen XYZ kooperiert mit ABC
- Emilia, Ihr exklusiver Rabattcode ist da
- Letzte Chance, sich für ABC anzumelden

- Hier deine personalisierten Empfehlungen, Peter

Eine andere Möglichkeit, sich von der Masse abzuheben, besteht darin, sich nicht auf diese eingängigen Phrasen und Clickbaits einzulassen. Natürlich müssten Sie dies in einem A/B-Test testen. Aber warum versuchen Sie nicht den Titel:

- "Der Klempner-Newsletter [Januar-Ausgabe]"
- "Newsletter Erfolg #1245"
- "Webdesigner's Digest - Juni"

Wenn Ihre Leser eine gute Beziehung zu Ihnen haben und davon überzeugt sind, dass Ihr Newsletter einen großen Wert hat, werden sie ihn auf jeden Fall öffnen. Und was noch besser ist, sie werden ihn jeden Monat oder jede Woche erwarten und aktiv nach ihm in ihrem Posteingang suchen.

HTML versus Text

Wenn es um die Gestaltung Ihrer E-Mails geht, haben Sie die Möglichkeit, entweder das HTML- oder das Textformat zu verwenden. HTML-E-Mails enthalten in der Regel Grafiken und Designelemente, während Text-E-Mails nur aus einfachem Text bestehen.

Es gibt keine richtige Antwort auf die Frage, was besser ist - es hängt letztlich von Ihrer Zielgruppe ab und davon, was für sie am besten funktioniert. Manche Abonnenten bevorzugen die visuelle Attraktivität von HTML-E-Mails, während andere die Schlichtheit und Einfachheit von Text-E-Mails bevorzugen.

Es ist eine gute Idee, beide Formate für Ihre Kampagnen auszuprobieren und zu sehen, welches Format besser ankommt. Und vergessen Sie nicht die Optimierung für mobile Endgeräte - immer mehr Menschen rufen ihre E-Mails über Smartphones ab. Stellen Sie also sicher, dass Ihre E-Mails auf mobilen Geräten gut aussehen und richtig funktionieren.

Bei einigen Anbietern von E-Mail-Marketing-Software können Sie auch eine HTML-E-Mail mit einer textbasierten E-Mail als Ausweichoption versenden. Auf diese Weise erhalten die Abonnenten die E-Mail in ihrem bevorzugten Format.

Erstellen einer effektiven E-Mail-Kampagne

Nachdem Sie nun wissen, was E-Mail-Marketing-Software ist und wie sie Ihrem Unternehmen helfen kann, lassen Sie uns über die Erstellung einer effektiven E-Mail-Kampagne sprechen. Der erste Schritt besteht darin, den Zweck Ihrer Kampagne zu bestimmen. Versuchen Sie, Besucher auf eine bestimmte Webseite zu leiten? Mehr Anmeldungen für eine Veranstaltung zu erhalten? Ein neues Produkt oder eine Dienstleistung zu bewerben? Sobald Sie das Ziel kennen, können Sie die entsprechende Aufforderung zum Handeln festlegen und Ihre E-Mail-Inhalte darauf abstimmen.

Als nächstes segmentieren Sie Ihre E-Mail-Liste anhand von Kriterien wie Interessen oder früherem Verhalten. Auf diese Weise können Sie gezielte Nachrichten an jedes Segment senden und so die Wahrscheinlichkeit erhöhen, dass sich der Empfänger mit der E-Mail beschäftigt.

Dann ist es an der Zeit, den Inhalt Ihrer E-Mail zu erstellen. Achten Sie auf eine aussagekräftige Betreffzeile, ein visuell ansprechendes Design und wertvolle Inhalte oder Angebote. Und vergessen Sie nicht, eine klare Aufforderung zum Handeln einzubauen, wie z.B. "Klicken Sie hier, um jetzt zu kaufen" oder "Melden Sie sich für unsere Veranstaltung an".

Verfolgen Sie schließlich Ihre E-Mail-Analysen, um zu sehen, wie Ihre Kampagne abschneidet, und nehmen Sie bei Bedarf Anpassungen vor. Wenn Sie diese Schritte befolgen und Ihre Strategie kontinuierlich verfeinern, sind Sie auf dem besten Weg, erfolgreiche E-Mail-Marketingkampagnen zu erstellen.

Messen Sie den Erfolg

Das Schöne an allem, was im Internet geschieht, ist, dass es gemessen werden kann. E-Mails sind da keine Ausnahme. Indem Sie E-Mail-Analysen wie Öffnungsraten, Klickraten, Abmelderaten und sogar A/B-Tests mit verschiedenen Betreffzeilen oder Inhalten durchführen, können Sie die Effektivität Ihrer E-Mail-Marketingkampagnen ständig verbessern.

Wie genau messen Sie also den Erfolg Ihrer E-Mails? Legen Sie zunächst einmal konkrete Ziele für jede Kampagne fest. Wollen Sie die Besucherzahlen Ihrer Website, die Produktverkäufe oder die Anmeldungen für Veranstaltungen steigern? Sobald Sie Ihre Ziele vor Augen haben, verfolgen Sie die entsprechenden Metriken und sehen, wie Ihre Kampagnen im Vergleich zu Ihren Zielen abschneiden.

Sie können auch das Verhalten einzelner Abonnenten verfolgen, z.B. welche Links sie angeklickt oder welche Produkte sie nach Erhalt Ihrer E-Mail gekauft haben. Auf diese Weise erhalten Sie Einblicke in die Inhalte, die bei Ihrem Publikum Anklang finden und wo Sie sich verbessern können.

Wie bei jeder Marketingstrategie ist es wichtig, dass Sie Ihren Ansatz ständig testen und verfeinern. Nutzen Sie die Daten aus Ihren E-Mail-Analysen, um kleine Änderungen und

Verbesserungen vorzunehmen, und scheuen Sie sich nicht, neue Ideen oder Strategien auszuprobieren. Indem Sie Ihre E-Mail-Kampagnen ständig verbessern und anpassen, können Sie den größtmöglichen Erfolg erzielen.

Wie man guten Textinhalt produziert

Jetzt, da wir viele Aspekte einer Website kennen, sollten wir uns einige Strategien ansehen, um gute Inhalte zu produzieren. Schließlich klingt es nach einer ziemlichen Herausforderung, 100 oder 200 Blogartikel mit jeweils mindestens 1.000 Wörtern zu schreiben. Aber keine Sorge, professionelle Content-Autoren schreiben mindestens 2.000 Wörter pro Tag (ich weiß das, denn ich war mal einer von ihnen). Es ist also möglich, jeden Tag einen Artikel zu schreiben. Und wenn Sie das nicht schaffen, ergibt sich bei 500 Wörtern pro Tag ein Blogartikel jeden zweiten Tag. So haben Sie in einem Jahr genug Inhalt, um bei Google gut zu ranken.

Allgemeine Richtlinien für Texte im Internet

Ein paar Tipps, wie Blogartikel im Internet idealerweise aussehen sollten:

- **Viel Weißraum:** Menschen lesen nicht gerne, schon gar nicht, wenn sie am Computer oder auf dem Handy sitzen. Machen Sie also nicht den Fehler, "eine Wand aus Text" zu schreiben. Lange Absätze halten Ihr Publikum davon ab, den Text zu lesen. Und die nächste Website ist nur zwei Klicks entfernt. Daher ist es empfehlenswert, viel Leerraum in Ihrem Text zu verwenden. Versuchen Sie, an jeder möglichen Stelle einen Absatz zu machen. Wenn Sie können, sogar nach jedem Satz. Das macht den Text wesentlich angenehmer zu lesen. Und ja, ich weiß, dass ich mich in dem Buch, das Sie gerade lesen, nicht an diese Regel halte. Aber wenn dies ein Text auf einem Bildschirm wäre, können Sie darauf wetten, dass ich es tun würde.

- **Schreiben Sie kurze Sätze:** Vergessen Sie alles, was Ihr Lehrer Ihnen in der Schule gesagt hat, und schreiben Sie kurze Sätze. Setzen Sie einen Punkt vor "und" oder "oder" und beginnen Sie einen neuen Satz. Das macht Ihren Inhalt viel lesbarer und außerdem lesen Menschen gerne kurze Sätze. Wenn Sie einen Absatz mit langen Sätzen haben, wird er höchstwahrscheinlich übersprungen.

- **Schreiben Sie in der aktiven Form statt im Passiv:** Wenn Sie in der aktiven Form schreiben, macht das Ihren Inhalt ein wenig aussagekräftiger und lenkt die Aufmerksamkeit auf die Handlung und nicht auf die Person oder das Objekt, das diese Handlung ausführt.

- **Verwenden Sie großzügig Aufzählungspunkte:** Aufzählungspunkte eignen sich hervorragend zur Strukturierung Ihrer Inhalte und erleichtern dem Leser das Überfliegen. Sie sind auch eine schöne Abwechslung zum Text. Kurz gesagt: Sie sind eine Einladung an das Auge des Lesers.

- **Verwendung von Bildern:** Wenn Sie ein bestimmtes Konzept, eine Idee oder eine Information mit Hilfe eines Bildes erklären können, sollten Sie unbedingt eines verwenden! Ein Bild sagt mehr als tausend Worte - das gilt auch in der heutigen Zeit. Verwenden Sie also Bilder, wenn sie einen Mehrwert für Ihren Inhalt und Ihre Leser bieten. Sie wollen Ihre Zeit nicht verschwenden, also erstellen Sie Bilder selbst, wenn Sie können, oder verwenden Sie kostenlose Stockfotos.

- **Überschriften und Zwischenüberschriften:** Menschen überfliegen Artikel gerne und möchten wissen, wo sich ein bestimmtes Thema in dem Artikel befindet. Um ihnen dabei zu helfen, können Sie in Ihren Blogs Überschriften und Zwischenüberschriften einfügen. Das macht es ihnen leichter, die gesuchten Informationen zu finden, und auch für Sie ist es einfacher, da Sie diese Überschriften für SEO-Zwecke verwenden können.

- **Recherchieren Sie:** Beginnen Sie mit einer Recherche zu Ihrem Thema und Sie werden feststellen, dass es sehr viele Informationen gibt, die Sie in Ihren Blogbeitrag aufnehmen können. Dadurch unterscheidet er sich von anderen Blogs. Wir leben in einem digitalen Zeitalter, warum sollten Sie sich also nicht vom Internet inspirieren lassen und es in Ihren Blog einbauen?

- **Korrekturlesen:** Wenn Sie Probleme mit der Rechtschreibung oder Grammatik haben, bitten Sie jemanden, Ihren Artikel Korrektur zu lesen, bevor Sie ihn auf Ihrer Website veröffentlichen. Das wird einen großen Unterschied ausmachen! Rechtschreibfehler sind ein klares Indiz dafür, dass Sie kein professioneller Verfasser von Inhalten sind, was Sie wertvolle Besucher kosten wird. Vermeiden Sie dies lieber!

Storytelling - eine effektive Art, Texte zu schreiben

Sie kennen das uralte Sprichwort: "Ein Bild sagt mehr als tausend Worte"? Nun, eine Geschichte ist eine Million wert. Und als Vermarkter ist es an der Zeit, dass wir uns dieses mächtige Werkzeug zu Nutze machen.

Denken Sie darüber nach - eine gut ausgearbeitete Geschichte kann Ihr Publikum emotional ansprechen und es zum Handeln bewegen. Sie macht Ihre Marke menschlich und ermöglicht es Ihren Kunden, sich auf einer tieferen Ebene mit Ihrer Botschaft zu verbinden.

Aber wo fangen Sie überhaupt an? Genau hier kommen wir ins Spiel. In diesem Kapitel gehen wir auf die verschiedenen

Möglichkeiten ein, wie Sie das Geschichtenerzählen in Ihre Marketingstrategie einbinden können - von Markengeschichten über Kundengeschichten bis hin zur Verwendung dieser Geschichten, um eine Verbindung zu Ihren Kunden und Mitarbeitern herzustellen. Sind Sie bereit, eine Geschichte zu schreiben, die ankommt? Dann fangen wir an.

Warum Geschichten erzählen?

Sie sind noch nicht von der Macht des Geschichtenerzählens überzeugt? Werfen wir einen Blick auf einige Statistiken. Gallup hat herausgefunden, dass Menschen, einer Marke treu bleiben, zu der sie eine starke emotionale Bindung haben.[10] Und Neuro-Insight, ein Unternehmen im Bereich Neuromarketing und Neuroanalytics, hat herausgefunden, dass eine Geschichte Teile des Gehirns aktiviert, die für die Gedächtniskodierung zuständig sind, d.h. Ihr Publikum wird sich eher an die Geschichte Ihrer Marke erinnern.[11]

Aber es geht nicht nur um den Erinnerungswert - Storytelling hilft auch, Vertrauen und Glaubwürdigkeit bei Ihrem Publikum aufzubauen. Menschen fühlen sich von Natur aus von

---

[10] Quelle: https://news.gallup.com/businessjournal/11209/building-brand-relationship.aspx

[11] Quelle: https://www.aura.org.uk/resources/59-using-storytelling-to-drive-advertising-memorability

Geschichten angezogen und sind daher empfänglicher für die darin enthaltenen Botschaften. Und indem Sie eine starke emotionale Bindung schaffen, fördern Sie die Loyalität und das Vertrauen in Ihre Marke.

Wie Sie das Erzählen von Geschichten einsetzen können

Da wir nun das Warum kennen, sollten wir uns mit dem Wie beschäftigen. Hier sind einige Möglichkeiten, wie Sie das Geschichtenerzählen in Ihre Marketingstrategie einbauen können:

1. **Markengeschichten:** Was ist die Geschichte hinter Ihrer Marke? Wie ist sie entstanden? Warum gibt es sie? Die Antworten auf diese Fragen können als Grundlage für Ihre Markengeschichte dienen, die es Ihnen ermöglicht, sich auf einer tieferen Ebene mit Ihren Kunden zu verbinden und sich von der Konkurrenz abzuheben. Wenn Sie keine Geschichte haben, erstellen Sie eine.

2. **Kundengeschichten:** Heben Sie den Erfolg Ihrer Kunden durch deren persönliche Geschichte hervor. Haben sie mit Hilfe Ihres Produkts oder Ihrer Dienstleistung eine Herausforderung gemeistert? Haben sie erstaunliche Ergebnisse erzielt? Teilen Sie diese authentischen

Geschichten, um die Glaubwürdigkeit und das Vertrauen in Ihre Marke zu stärken.

3. **Geschichten von Mitarbeitern:** Ihre Mitarbeiter sind das Herz und die Seele Ihres Unternehmens - warum also nicht ihre einzigartigen Erfahrungen und Persönlichkeiten vorstellen? Erzählen Sie von ihrem individuellen Werdegang, ihren beruflichen Erfolgen und den Gründen, warum sie gerne für Ihre Marke arbeiten. Dadurch wird Ihr Unternehmen menschlicher und Sie erhalten einen Blick hinter die Kulissen und auf die Menschen, die es vorantreiben.

Unabhängig von der Methode kann das Erzählen von Geschichten ein wirkungsvolles Instrument in Ihrer Marketingstrategie sein. Erzählen Sie also ruhig weiter - Sie wissen nie, wessen Leben Sie damit verändern können.

Wie Sie eine starke Markenstory erstellen

Ihre Markengeschichte ist das Rückgrat all Ihrer Marketingbemühungen; sie gibt den Ton für Ihre Botschaften an und hilft Ihren Kunden, Ihren Zweck und Ihre Werte zu verstehen. Aber wie fangen Sie überhaupt an, eine überzeugende Markenstory zu entwickeln?

Wenn Sie genau nachdenken, werden Sie feststellen, dass sich vieles in Ihrem Leben um Geschichten dreht. Ganz gleich, ob es sich um die Märchen handelt, die Ihre Eltern Ihnen vor dem Schlafengehen vorgelesen haben. Oder die Geschichten, die Ihnen Disney-Filme, Netflix-Serien oder Hörbücher erzählen. Oder ob es die Markengeschichten sind, die Ihnen sagen, warum Sie ein Produkt kaufen sollten.

Tatsächlich ist das menschliche Gehirn für das Erzählen von Geschichten verdrahtet. Es hilft uns, uns an Informationen zu erinnern und Verbindungen herzustellen, wie es trockene Fakten und Zahlen nicht tun können. Es sollte also nicht überraschen, dass die Erzählung der Geschichte Ihrer Marke ein unglaublich effektives Marketinginstrument sein kann.

Aber wie geht man dabei am besten vor? Hier sind einige Tipps, wie Sie eine überzeugende Markengeschichte entwickeln können:

1. Beginnen Sie mit der Identifizierung des Problems. Mit anderen Worten: Welches Problem löst Ihre Marke? Dies hilft Ihnen, eine klare Erzählrichtung festzulegen und sich auf die Schlüsselaspekte Ihrer Geschichte zu konzentrieren, die bei Ihren Kunden auf Resonanz stoßen werden.

2. Identifizieren Sie Schlüsselmomente in der Geschichte Ihres Unternehmens, die seine Identität geprägt haben.

Dies können Erfolgsgeschichten von Kunden, Meilensteine des Teams oder wichtige Produkteinführungen sein. Fügen Sie Details hinzu, die ein lebendiges Bild erzeugen und Emotionen bei Ihrem Publikum hervorrufen.

3. Vermenschlichen Sie Ihre Markengeschichte. Sprechen Sie über die Menschen hinter den Kulissen - die Mitarbeiter, Kunden und Partner, die das alles möglich gemacht haben. So bauen Sie Empathie mit Ihrem Publikum auf und stärken dessen emotionale Bindung an Ihre Marke.

4. Verwenden Sie einen einheitlichen Tonfall. Ganz gleich, ob Sie versuchen, einen gewissen Humor zu erzeugen, Begeisterung zu vermitteln oder Empathie zu wecken - wenn Sie der Stimme Ihrer Marke treu bleiben, können Sie eine wirkungsvolle Geschichte entwickeln.

Letzten Endes geht es bei der Schaffung einer überzeugenden Markengeschichte um Einfühlungsvermögen und Verbundenheit. Seien Sie also authentisch und erzählen Sie Ihre Geschichte so, dass sie bei Ihrem Publikum ankommt. Langfristig kann dies dazu beitragen, eine tiefere Bindung zwischen Ihnen und Ihren Kunden aufzubauen - eine Bindung, die über Jahre hinweg Loyalität und Fürsprache fördert.

Letztendlich geht es bei der Entwicklung einer überzeugenden Markengeschichte darum, die Emotionen anzusprechen und die Werte und den Zweck Ihrer Marke mit Ihrem Publikum zu verbinden. Was treibt Ihr Unternehmen an und hebt es von der Konkurrenz ab?

Nutzen Sie Kundengeschichten

Gibt es einen besseren Weg, den Wert Ihres Produkts oder Ihrer Dienstleistung darzustellen, als durch die Worte eines zufriedenen Kunden? Kundengeschichten helfen, Vertrauen und Glaubwürdigkeit bei potenziellen Käufern aufzubauen, indem sie Beispiele aus dem wirklichen Leben zeigen, wie Ihr Angebot anderen nützt. Hier erfahren Sie, wie Sie sie in Ihre Marketingstrategie einbeziehen können:

- Fragen Sie nach Erfahrungsberichten und Bewertungen. Ermutigen Sie Ihre Kunden, ihre Erfahrungen mit Ihrer Marke in den sozialen Medien, auf Ihrer Website oder in einer Fallstudie zu veröffentlichen.

- Präsentieren Sie Erfolgsgeschichten von Kunden in Form von Videos oder schriftlichen Inhalten auf Ihrer Website und in sozialen Netzwerken.

- Teilen Sie Zitate von zufriedenen Kunden in Ihren E-Mail-Newslettern oder Werbekampagnen.

Storytelling zur Motivation der Mitarbeiter

Content Marketing funktioniert übrigens nicht nur mit externen Kunden, sondern auch mit internen. Sprich: Ihren Mitarbeitern. Schließlich sind Ihre Mitarbeiter die treibende Kraft hinter dem Erfolg Ihrer Marke. Daher ist es wichtig, dass sie sich engagieren und motiviert bleiben. Eine Möglichkeit, dies zu erreichen, ist die Macht des Geschichtenerzählens, das Teilen von Unternehmenserfolgen, das Hervorheben von Mitarbeiterleistungen und die Förderung einer positiven Unternehmenskultur. Hier finden Sie einige Ideen, wie Sie Storytelling in Ihre interne Kommunikation einbauen können:

- Berichten Sie über Meilensteine und Erfolge des Unternehmens im Unternehmens-Newsletter oder bei Teambesprechungen.

- Stellen Sie die Geschichten Ihrer Mitarbeiter im Intranet oder auf den sozialen Kanälen vor, um ihre Leistungen und einzigartigen Qualitäten zu präsentieren.

- Setzen Sie Storytelling ein, um eine positive Unternehmenskultur zu fördern, indem Sie Beispiele dafür geben, wie Mitarbeiter die Werte des Unternehmens leben.

Sind Sie also bereit, Ihr Geschick im Geschichtenerzählen in die Tat umzusetzen? Denken Sie daran: eine gute Geschichte kann den Unterschied in Ihren Marketingbemühungen ausmachen.

Emotionen im Content Marketing

Beim Content Marketing geht es darum, ansprechende, relevante Inhalte zu erstellen, die Ihre Zielgruppe begeistern. Aber was lässt die Menschen wirklich mit einem Inhalt in Verbindung treten? Die Antwort lautet: Emotionen. Ganz gleich, ob Sie versuchen, Gefühle der Begeisterung, des Mitgefühls, der Belustigung oder andere Emotionen hervorzurufen - wenn Sie die Rolle von Emotionen im Content Marketing verstehen, können Sie effektivere Marketingkampagnen erstellen.

Einige der wichtigsten Möglichkeiten, wie Emotionen Ihre Content-Marketing-Strategie beeinflussen können, sind:

- Verwenden Sie eine emotionale Sprache, die bei Ihrem Publikum ankommt. Ganz gleich, ob Sie versuchen, das Gefühl von Aufregung, Freude, Traurigkeit oder etwas anderem anzusprechen - wenn Sie verstehen, was Ihre Zielgruppe fühlt, und eine entsprechende emotionale

Sprache in Ihren Inhalten verwenden, können Sie eine bessere Verbindung zu ihr herstellen.

- Integrieren Sie Techniken des emotionalen Geschichtenerzählens in Ihre Inhalte. Das Erzählen einer Geschichte ist eine der wirkungsvollsten Methoden, um bei Ihrem Publikum Emotionen zu wecken und eine dauerhafte Verbindung zu schaffen. Ziehen Sie daher in Erwägung, Elemente wie Handlung, Konflikt, Charakterentwicklung und Erzählbögen in Ihre Content-Marketing-Strategien einzubauen.

- Konzentrieren Sie sich auf die Bedürfnisse und Wünsche Ihrer Kunden. Letzten Endes werden Ihre Kunden von ihren Emotionen angetrieben - ob sie nun nach Glück, Vergnügen, Zufriedenheit oder etwas anderem suchen. Wenn Sie die emotionalen Beweggründe Ihrer Kunden verstehen und diese in Ihren Inhalten berücksichtigen, können Sie eine engere Beziehung zu ihnen aufbauen und die Konversionsrate im Laufe der Zeit erhöhen.

Wenn Sie sich also mit Ihrem Publikum auf einer emotionalen Ebene verbinden und Inhalte erstellen möchten, die es wirklich bewegen, sollten Sie sich darauf konzentrieren, seine Emotionen anzuzapfen und auf seine Bedürfnisse und Wünsche einzugehen. Mit dem richtigen Ansatz können Sie Emotionen nutzen, um Ihre Content-Marketing-Ergebnisse auf die nächste Stufe zu heben.

Sprechen Sie direkt mit Ihren Lesern

Stellen Sie sich vor, Sie führen ein Gespräch mit Ihren Lesern. Nutzen Sie also nicht die dritte Person Singular. Sprechen Sie sie stattdessen direkt an, als ob sie Ihnen gegenübersitzen würden. Richten Sie sich besser in der zweiten Person Singular mit "Du" oder der dritten Person Plural mit "Sie" an Ihre Leser.

Schreiben Sie z.B. statt "Eine Möglichkeit, *die Leser* zu fesseln, ist der Einsatz von Erzähltechniken" lieber "Eine Möglichkeit, *Ihre Leser* zu fesseln, ist der Einsatz von Erzähltechniken."

Auf diese Weise wirken Ihre Inhalte persönlicher und ansprechender, was Ihre Leser anzieht und sie zum Weiterlesen animiert. Außerdem können Sie auf diese Weise eine stärkere Verbindung zu Ihren Lesern aufbauen und es ihnen erleichtern, sich mit dem, was Sie sagen, zu identifizieren.

Wenn Sie also eine tiefere Verbindung zu Ihren Lesern aufbauen und Inhalte erstellen möchten, die sie wirklich überzeugen, sollten Sie sich darauf konzentrieren, sie direkt anzusprechen und auf ihre Bedürfnisse und Anliegen einzugehen. Mit dem richtigen Ansatz können Sie Inhalte erstellen, die Ihre Leser wirklich bewegen.

Die Macht von Cliffhangern in Texten

Wie bereits erwähnt, sind die Menschen seit Jahrhunderten von der Spannung einer guten Geschichte gefesselt. Ob in Büchern, Filmen oder sogar in Textnachrichten – wir lieben es, von Erzählungen, die uns auf Trab halten, in den Bann gezogen und beschäftigt zu werden. Und ein erzählerisches Mittel, das sich als besonders effektiv erwiesen hat, ist der Einsatz von Cliffhangern.

Aber was ist ein Cliffhanger in einer Geschichte? In der Regel handelt es sich um den Moment, in dem eine Figur in einer ungewissen oder prekären Situation zurückbleibt – einer Situation, in der sie in ernste Gefahr gerät oder sogar sterben könnte. Das Publikum wird in einen Zustand versetzt, in dem es sich fragt, was als Nächstes passiert, und gespannt auf die Auflösung wartet.

Dieses Element der Spannung kann in Texten äußerst wirkungsvoll eingesetzt werden, sei es als Marketinginstrument oder einfach, um die Bindung zum Leser zu erhöhen. Sie könnten zum Beispiel eine Reihe von kurzen Texten verfassen, die sich zu einem dramatischen Höhepunkt aufbauen und Ihr Publikum nach mehr verlangen lassen. Dies kann besonders wirkungsvoll sein, wenn Sie es in Verbindung mit anderen Erzähltechniken einsetzen, z.B. mit emotionalen Appellen oder rhetorischen Fragen.

Aber es muss nicht immer ein "echter" Cliffhanger sein. Wenn Sie so ziemlich jede Online-Nachrichtenseite lesen, werden Sie feststellen, dass die Vorschautexte meist mit einem Cliffhanger enden. Das ist der Teil, der Sie dazu bringt, weiterzulesen. Einige Beispiele:

- "Wird das neue Gesetz zu mehr Diskriminierung am Arbeitsplatz führen? Experten äußern sich dazu."
- "Könnte dieser schockierende Skandal eine große politische Dynastie zu Fall bringen?"
- "Wird diese umstrittene neue Behandlung endlich Krebs heilen?"
- "Wie wird sich dieses schockierende Ereignis auf die Weltwirtschaft auswirken?"

Ganz gleich, ob Sie Marketingmaterial, Blogbeiträge oder andere Texte verfassen, es ist immer wichtig, dass Sie Ihre Leser fesseln und auf Trab halten. Und mit Hilfe der Macht der Cliffhanger können Sie genau das erreichen!

In gewissem Sinne ist es einfach eine interessante Frage, die Sie stellen, ohne sie sofort zu beantworten. Wenn Sie also Spannung in Ihre Texte bringen wollen, versuchen Sie es mit dem Cliffhanger-Ansatz. Sie werden überrascht sein, wie effektiv diese Methode sein kann! Sie können sie in Ihren eigenen Vorschautexten verwenden. Es kann sich aber auch auszahlen, sie am Ende eines Absatzes oder Kapitels zu gebrauchen. Je öfter Sie

sie verwenden, desto besser ist es. Oder doch nicht? Lesen Sie weiter und erfahren Sie mehr. Kleiner Scherz.

Formulieren Sie tolle Überschriften

Eines der wichtigsten Elemente jedes Textes, ob es sich nun um einen Blogbeitrag oder um Marketingmaterial handelt, ist die Überschrift. Sie ist es, die das Interesse des Lesers weckt und ihn dazu bringt, mehr zu lesen. Wie können Sie also Überschriften verfassen, die wirklich effektiv sind? Hier sind einige Tipps, die Ihnen den Einstieg erleichtern:

- Beginnen Sie mit einer Frage. Eine Frage zu stellen, fesselt den Leser und kann ihn dazu anregen, über das Thema auf eine neue Art und Weise nachzudenken.

- Verwenden Sie emotionale Appelle. Ganz gleich, ob Sie Marketingtexte oder einen Artikel in Ihrem Blog schreiben, versuchen Sie, starke Gefühle hervorzurufen, um eine tiefere Verbindung zu Ihren Lesern herzustellen.

- Konzentrieren Sie sich auf die Vorteile. Versuchen Sie, die Vorteile Ihres Produkts oder Ihrer Dienstleistung hervorzuheben, anstatt nur die Merkmale aufzuzählen. Die Menschen sind wahrscheinlich interessierter, wenn sie sehen können, wie Ihr Angebot ihnen persönlich nützt.

- Erwägen Sie die Verwendung von Zahlen. Wenn Sie Zahlen in Ihre Überschriften einbauen, wirken diese glaubwürdiger und ansprechender, denn nummerierte Listen und Statistiken ziehen die Menschen oft in ihren Bann.

- Ziehen Sie ein interessantes Zitat in Betracht. Die Verwendung eines Zitats einer einflussreichen Person aus Ihrer Branche kann eine gute Möglichkeit sein, Ihrer Schlagzeile Glaubwürdigkeit zu verleihen. Die Menschen wollen wissen, was die Experten denken, und sie werden eher weiterlesen, wenn Sie zeigen, dass Sie deren Unterstützung haben.

- Versprechen Sie nicht zu viel. Versprechen Sie bei der Formulierung Ihrer Überschriften nichts, was Ihr Inhalt nicht halten kann. Schließlich wollen Sie Ihre Leser nicht enttäuschen und sie dazu bringen, das Vertrauen in Sie völlig zu verlieren. Außerdem wollen Sie niemanden dazu verleiten, etwas zu lesen, das eigentlich keine wertvollen Informationen für ihn enthält.

- Verwenden Sie Schlüsselwörter. Wie wir bereits in unserem Kapitel über die Recherche von Schlüsselwörtern besprochen haben, ist es wichtig, sich zu merken, welche

Schlüsselwörter online die meiste Aufmerksamkeit auf sich ziehen werden. Versuchen Sie, diese Wörter in Ihre Titel und Überschriften einzubauen, wenn Sie können, denn das kann Ihnen helfen, sich von der Konkurrenz abzuheben und ist ein Ranking-Faktor.

- Erwägen Sie die Verwendung eines Cliffhangers. Wie wir bereits erwähnt haben, ist eine der besten Möglichkeiten, die Leser bei der Stange zu halten, die Verwendung von Cliffhangern am Ende von Kapiteln oder Absätzen. Indem Sie eine provokante Frage stellen, können Sie die Leser fesseln und sie ermutigen, weiterzulesen.

Verwenden Sie großzügig Zwischenüberschriften in Ihren Texten. Ähnlich wie Aufzählungspunkte können diese eine gute Möglichkeit sein, lange Textblöcke aufzulockern oder den Lesern zu helfen, wichtige Informationen schnell herauszufinden. Sie machen Ihren Text auch optisch interessant und sind auf Websites ein Ranking-Faktor. Es lohnt sich also, sie in Ihren Inhalten sinnvoll einzusetzen.

WIIIFM - What is in it for me?

Diese Marketing-Grundregel gilt auch für das Schreiben guter Inhalte. Um Ihr Publikum zu fesseln, müssen Sie sich darauf konzentrieren, welchen Nutzen der Inhalt für Ihr Publikum hat.

Was genau ist der Nutzen für Ihr Publikum? Wenn Sie sich diese Frage stellen, können Sie sich auf das Wesentliche konzentrieren und Ihre Schreibanstrengungen so ausrichten, dass sie Ihre Leser am meisten ansprechen.

Zu viele Menschen machen den Fehler, sich selbst in den Mittelpunkt zu stellen. "Wir sind", "Wir tun", "Wir haben". Versetzen Sie sich stattdessen in die Lage Ihrer Leser und konzentrieren Sie sich darauf, was diese wollen. "Sie", "Sie können", "Sie werden". Auf diese Weise erstellen Sie Inhalte, die für Ihre Leser wirklich wertvoll sind und die sie dazu bringen, immer wieder zu kommen. Denken Sie also immer daran, sich zu fragen: Was ist für meinen Leser drin? Und dann passen Sie Ihre Texte an deren Bedürfnisse an. Denn genau darum geht es bei gutem Content Marketing.

Und vergessen Sie nicht, dass Ihre Inhalte vor allem interessant und unterhaltsam sein müssen, denn das ist es, was die Leser bei der Stange hält.

Ein Thema pro Artikel

Versuchen Sie, Ihre Inhalte auf ein Hauptthema pro Artikel oder Blogbeitrag zu beschränken. Auf diese Weise können Sie sicherstellen, dass der Inhalt fokussiert und leicht verständlich ist, was dazu beiträgt, das Interesse Ihrer Leser zu halten.

Schließlich liest niemand gerne etwas, das unorganisiert oder abschweifend wirkt. Nehmen Sie sich also die Zeit, jeden Inhalt, den Sie produzieren, sorgfältig zu gestalten, damit er den beabsichtigten Zweck erfüllt.

Und wenn Ihnen einmal keine neuen Themen einfallen, denken Sie daran, dass es immer viele großartige Inhalte gibt, die nur darauf warten, erstellt zu werden. Ob es sich um eine neue Variante einer bestehenden Idee oder um etwas völlig Neues und Originelles handelt, die Möglichkeiten sind endlos.

Erkundigen Sie sich also in Ihrer Branche, worüber die Leute reden, und nutzen Sie dann Ihre eigene Erfahrung und Ihr Fachwissen, um etwas Neues hinzuzufügen. Mit dem richtigen Ansatz können Sie immer ein tolles Thema für Ihre Inhalte finden. Und das ist es, was Ihre Leser am Ende dazu bringt, immer wieder zu kommen.

Schreiben Sie in der Stimme Ihrer Marke

Ihre Inhalte sollten auch die Stimme und den Ton Ihrer Marke widerspiegeln. Das bedeutet, dass sie mit dem allgemeinen Stil und der Botschaft Ihres Unternehmens übereinstimmen sollten, damit die Leser Ihre Marke in den Inhalten leicht wiedererkennen können.

Um dies effektiv zu erreichen, sollten Sie sich überlegen, was Ihre Marke einzigartig macht und wie Sie von anderen wahrgenommen werden möchten. Davon ausgehend können Sie einen Stil und einen Ton entwickeln, der in all Ihren Marketingmaterialien, einschließlich Ihrer Inhalte, konsistent ist. Dies wird dazu beitragen, Ihre Marke als vertrauenswürdige Autorität in Ihrer Branche zu positionieren, und die Leser dazu bringen, immer wieder auf Sie zurückzugreifen.

Ganz gleich, ob Sie als witzig und unterhaltsam oder als seriös und professionell bekannt sein wollen, nehmen Sie sich die Zeit, um zu definieren, welche Stimme und welcher Tonfall Ihre Marke am besten repräsentieren. Verwenden Sie dies dann als Leitfaden für die Erstellung Ihrer Inhalte, und Sie werden mit Sicherheit Erfolge sehen.

Fordern Sie Interaktion

Fordern Sie Ihre Nutzer auf, Ihre Inhalte zu kommentieren und mit Ihnen zu interagieren. Dies kann dazu beitragen, ein Gefühl der Gemeinschaft und der Loyalität zu Ihrer Marke zu schaffen, so dass die Nutzer immer wieder zu Ihnen zurückkehren.

Es ist auch eine großartige Quelle für Inspiration und Feedback, da Sie so herausfinden können, woran Ihr Publikum interessiert ist und was es gerne öfter sehen würde.

Und schließlich ist es auch ein Ranking-Faktor – insbesondere auf Social Media-Plattformen wie Facebook und Instagram. Indem Sie also mit Ihrem Publikum in Kontakt treten, können Sie Ihre Sichtbarkeit und Reichweite erhöhen, was langfristig noch mehr Leser anzieht.

Stellen Sie also sicher, dass Sie Ihre Leser immer dazu ermutigen, sich mit Ihnen in den sozialen Medien oder in den Kommentaren auszutauschen, und beobachten Sie, wie Ihre Inhalte weiter ansteigen.

Um dies effektiv zu tun, sollten Sie Tools wie Umfragen, Wettbewerbe oder offene Fragen in Ihren Inhalten verwenden. Dies wird Ihr Publikum dazu ermutigen, sich mit Ihnen zu beschäftigen und seine Gedanken und Meinungen mitzuteilen, wodurch Sie eine tiefere Verbindung zu ihm aufbauen können. Sie können sogar in Erwägung ziehen, eine Content-Strategie rund um diese Idee zu entwickeln, bei der Sie regelmäßige Herausforderungen oder Aktivitäten für Ihr Publikum schaffen, an denen es teilnehmen kann.

Letztendlich kommt es darauf an, zu verstehen, was Ihre Leser wollen und wie Sie es ihnen bieten können. Nehmen Sie sich also die Zeit, um herauszufinden, wie Ihre Leser ticken, und Sie werden auf dem besten Weg sein, großartige Inhalte zu erstellen, die Ihre Leser an Ihr Unternehmen binden.

Outsourcing Ihrer Arbeit

Wenn Sie glauben, dass Sie aus irgendeinem Grund nicht die Fähigkeiten oder die Zeit haben, die Inhalte selbst zu schreiben, könnten Sie in Erwägung ziehen, diese Arbeit auszulagern. Dazu können Sie einen professionellen Inhaltsautor beauftragen, der dafür sorgt, dass Ihr Blog aktuell und für Ihre Zielgruppe relevant ist. Es gibt eine Fülle von Websites wie Upwork oder Freelancer, auf denen Sie die perfekten Freelance-Autoren für Ihre Blogarbeit finden können.

Stellen Sie sicher, dass Sie einige Nachforschungen anstellen, bevor Sie jemanden beauftragen, und wenn möglich, versuchen Sie, jemanden zu finden, der bereits für Kunden in Ihrer Branche gearbeitet hat. Ich würde Ihnen immer empfehlen, ein offizielles Vorstellungsgespräch mit dem betreffenden Mitarbeiter zu führen. Das kann natürlich über Skype, Whatsapp, Signal oder einen anderen Online-Weg geschehen, den Sie bevorzugen. Aber es vermittelt Ihnen einen guten ersten Eindruck und lässt die meisten Betrüger ausscheiden. Natürlich gibt es nie eine 100-prozentige Garantie, dass Sie am Ende einen großartigen Schreiber bekommen, aber ich denke, es lohnt sich, danach zu suchen.

Denken Sie daran, dass es auch in diesem Fall wichtig ist, einen Plan für die Inhalte zu erstellen und alle Anforderungen in das

Briefing Ihres Outsourcing-Projekts aufzunehmen (Zeitrahmen, Schlüsselwörter, Themen).

Stellen Sie außerdem sicher, dass die Inhalte auf ihre Richtigkeit hin überprüft werden und dass sie nicht aus dem Internet gestohlen wurden. Es zahlt sich aus, jemanden ordentlich zu bezahlen und eine echte Beziehung zu ihm aufzubauen, anstatt immer neue Leute einzustellen, die Sie nicht kennen und denen Sie nicht vertrauen können. Natürlich sollten Sie Ihren Texter über Ihren persönlichen Stil beraten und sicherstellen, dass er die oben genannten Tipps befolgt, um gute Inhalte zu schreiben.

Verwenden Sie Spracherkennung

Wenn Sie gerne kreativ sind und selbst Inhalte schreiben, aber noch kein guter Autor sind, gibt es einige großartige Tools, die Ihnen helfen können. Eines davon ist die Spracherkennungssoftware. Sie können einfach Ihre Stimme aufzeichnen, während Sie über ein bestimmtes Thema sprechen, und diese Aufnahme dann automatisch für Sie in schriftliche Inhalte umwandeln lassen.

Es gibt viele Online-Plattformen, die diesen Service zu einem relativ niedrigen Preis anbieten. Achten Sie nur darauf, eine seriöse Plattform zu wählen, der man vertrauen kann und die gute Bewertungen von früheren Kunden hat. Vergessen Sie außerdem nicht, Ihre Transkription zu überprüfen, bevor Sie sie auf Ihrer Website veröffentlichen!

Ich habe gute Erfahrungen mit Dragon Naturally Speaking gemacht. Es wird eine PC-Software gegen eine einmalige Gebühr angeboten, die Sie am Schreibtisch benutzen können. Und eine mobile Version, die auf einem Abonnement basiert, aber natürlich ist es schön, wenn Sie Ihren Text in Ihr Handy oder Tablet sprechen können, während Sie sonst unproduktiv wären. Es gibt sogar professionelle Versionen der Software, mit denen Sie Ihren Text aufzeichnen und später für Sie transkribieren können.

Wenn Sie kein Geld für Spracherkennungssoftware ausgeben möchten, können Sie auch Ihr Smartphone verwenden. Diese verfügen ebenfalls über großartige Spracherkennungsfunktionen und Sie können ganz einfach ein Google Docs-Dokument auf Ihrem mobilen Gerät öffnen und dann, anstatt auf der Smartphone-Tastatur zu tippen, einfach auf das kleine Mikrofon tippen, das die Spracherkennung aktiviert.

Die größte Herausforderung bei der Verwendung der Spracherkennung war für mich das Korrekturlesen. Denn obwohl diese Technologie in den letzten Jahrzehnten absolut überragend geworden ist, versteht sie manchmal immer noch nicht, was man sagt. Das Problem ist, dass die Software "denkt", dass sie Sie richtig verstanden hat, und ein Wort aufschreibt, das vollkommen richtig geschrieben ist. Es gibt also keine automatische Erkennung von Rechtschreibfehlern. Sie müssen das Dokument daher gründlich Korrektur lesen, um peinliche Fehler zu vermeiden.

Mit diesen Tipps im Hinterkopf sollten Sie in der Lage sein, erfolgreich eigene Inhalte für Ihre Website zu erstellen und potenzielle Besucher anzuziehen, die auf der Suche nach relevanten Informationen sind. Denken Sie daran, dass Qualität wichtiger ist als Quantität, also geben Sie sich Mühe, die bestmöglichen Inhalte zu erstellen! Schreiben Sie weiter und geben Sie nicht auf - der Erfolg wird sich mit der Zeit einstellen!

Textinhalte in sozialen Medien

Einer der wichtigsten Aspekte des Content Marketing sind die sozialen Medien. Bei der Entwicklung von Inhalten für soziale Medien sollten Sie einige Dinge beachten. In erster Linie wird die Art der Inhalte, die Sie in den sozialen Medien veröffentlichen, einen großen Einfluss auf Ihren Gesamterfolg haben. Wenn Sie zum Beispiel versuchen, Besucher auf Ihre Website zu locken, sollten Sie sich darauf konzentrieren, Inhalte zu erstellen, die geteilt werden können und Ihrem Publikum einen echten Mehrwert bieten. Das bedeutet, dass sie ansprechend, hilfreich und in gewisser Weise unterhaltsam sein sollten.

Ein weiterer wichtiger Aspekt von Social Media-Inhalten ist die Verwendung von Bildmaterial. Textbasierte Inhalte können zwar effektiv sein, haben aber oft nicht die Wirkung und das Engagement, das ein gelungenes Bild bieten kann. Ganz gleich, ob Sie einen Blogbeitrag, ein Video, eine Infografik oder eine andere Art von Inhalt veröffentlichen, achten Sie darauf, dass Sie hochwertiges Bildmaterial wie Fotos und Videos verwenden.

Und schließlich sollten Sie daran denken, dass es bei den sozialen Medien vor allem um Engagement und Interaktion geht. Wenn Sie also Ihre Inhalte auf Social Media-Kanälen wie Facebook, Instagram und Twitter posten, stellen Sie sicher, dass Sie mit Ihren Followern und Ihrem Publikum interagieren, indem Sie Fragen stellen oder Kommentare zu den Beiträgen anderer Personen hinterlassen. Dies ist eine gute Möglichkeit, Gespräche zu beginnen und Feedback zu Ihren Inhalten zu erhalten!

Wie gehe ich mit negativem Feedback um?

Wenn Sie an Inhalten für Ihre Website oder Ihre sozialen Medien arbeiten, ist es unvermeidlich, dass Sie auch negatives Feedback erhalten. Das kann frustrierend und entmutigend sein, vor allem, wenn Sie wirklich hart daran gearbeitet haben, hochwertige Inhalte zu produzieren. Es ist jedoch wichtig, dass Sie dieses Feedback nicht zu persönlich nehmen.

Eine der besten Möglichkeiten, mit negativem Feedback umzugehen, besteht darin, es als Chance zum Lernen zu nutzen. Anstatt sich also aufzuregen oder verletzt zu fühlen, versuchen Sie, das Feedback als konstruktive Kritik zu sehen, die Ihnen helfen kann, Ihre Inhalte zu verbessern und Ihr Publikum zu vergrößern. Damit zeigen Sie Ihren potenziellen Besuchern, dass Sie mit Kritik umgehen können und immer nach Möglichkeiten suchen, Ihre Arbeit zu verbessern!

Manchmal werden Sie es mit Spaßvögeln oder Trollen zu tun haben, die negative oder harsche Kommentare hinterlassen, ohne irgendeinen Wert zu bieten. In diesem Fall ist es am besten, die Kommentare einfach zu ignorieren und sich nicht mit der Person auseinanderzusetzen, die sie gepostet hat. Denken Sie daran: Sie müssen Ihre Inhalte nicht vor jedem im Internet rechtfertigen!

Wie gehe ich mit einem Sh*tstorm um?

In manchen Fällen werden Sie sich im Zentrum eines Sh*tstorms wiederfinden. Das ist der Fall, wenn viele Menschen negative Kommentare zu Ihren Blogbeiträgen, Ihren Social Media-Kanälen oder Ihrer Website im Allgemeinen abgeben. Das Risiko eines Sh*tstorms ist sehr real – vor allem in den sozialen Medien, wo sich eine gewisse Empörungskultur zuweilen selbst zu erhalten scheint.

Daher haben viele Unternehmen Angst vor negativem Feedback und versuchen, es um jeden Preis zu vermeiden. Dies kann jedoch in vielerlei Hinsicht schädlich sein. Es kann zum Beispiel zu einem übermäßig polierten Stil bei der Erstellung von Inhalten führen, dem es an Authentizität fehlt. Manch einer könnte sogar beschließen, diese Plattformen und ihr riesiges Wettbewerbspotenzial zu verlassen. Deshalb ist es wichtig, nicht in Panik zu verfallen, wenn Sie mit einem Sh*tstorm konfrontiert werden.

Das erste, was Sie tun sollten, wenn Sie sich inmitten eines Sh*tstorms befinden, ist, tief durchzuatmen und ruhig zu bleiben. Lassen Sie sich nicht sofort auf die Leute ein, die Sie angreifen, denn das macht alles nur noch schlimmer. Konzentrieren Sie sich stattdessen darauf, sich das Feedback anzuhören und zu prüfen, ob das, was sie sagen, Sinn ergibt. Wenn ja, entschuldigen Sie sich für den Fehler und bemühen Sie sich, sich zu verbessern. Reagieren Sie recht schnell, um die Entwicklung in ihrem Lauf zu stoppen. Lassen Sie sich ein paar Stunden Zeit und setzen Sie sich mit Ihrem Team zusammen, um zu besprechen, wie Sie sich verbessern können, um eine andere Perspektive auf das Geschehene zu bekommen und um das negative Feedback zu überwinden.

Wenn Sie mit einem Sh*tstorm konfrontiert werden, ist es auch wichtig, daran zu denken, dass Sie nicht allein sind. Oft gibt es Menschen, die Sie unterstützen und versuchen, den negativen

Kommentaren entgegenzuwirken. Wenn Sie sehen, dass diese Menschen positive Nachrichten posten oder Ihre Seite verteidigen, sollten Sie ihnen für ihre Unterstützung danken! Dies kann dazu beitragen, die öffentliche Meinung zu Ihren Gunsten zu verändern.

Sie sollten diese Gelegenheit auch nutzen, um mit Ihrem Publikum auf sinnvolle Weise in Kontakt zu treten. Wenn Sie zum Beispiel Kritik an der mangelnden Vielfalt auf Ihrer Website erhalten, sollten Sie Maßnahmen ergreifen, um dieses Problem zu beheben. Dazu könnte gehören, dass Sie den Prozess der Inhaltserstellung überarbeiten, um mehr verschiedene Stimmen einzubeziehen, oder neue Mitarbeiter mit einem vielfältigeren Hintergrund einstellen.

Ignorieren Sie einen Sh*itstorm nicht, das macht ihn nur noch schlimmer. Sie werden darauf reagieren müssen, aber Sie sollten dies tun, wenn Sie Zeit hatten, sich abzukühlen und über die Situation nachzudenken.

Was ich auch für wichtig halte, ist, dass Sie nicht alles von einem Mob entscheiden lassen. Es gibt zahlreiche Beispiele von Unternehmen, die sich einem öffentlichen Aufschrei ein wenig zu schnell gebeugt haben, nur um dann festzustellen, dass dieselben Leute, die eine Änderung gefordert haben, nun diejenigen sind, die sie kritisieren. Lassen Sie uns also sensibel, aber stark sein und nicht Opfer einer emotionalen Erpressung werden.

Letzten Endes ist Feedback ein wichtiger Teil der Inhaltserstellung. Ganz gleich, ob es sich um positive oder negative Kommentare handelt, es ist immer am besten, sie mit einem Quäntchen Augenmaß zu nehmen und sie zu nutzen, um Ihre Marke zu verbessern. Bleiben Sie also ruhig, bleiben Sie stark, und lernen Sie aus dem Feedback, das Sie erhalten! Denn nur, wenn wir uns der Kritik stellen, können wir besser werden in dem, was wir tun.

Der beste Weg, mit einem Sh*itstorm umzugehen, ist also, daran zu wachsen und dadurch besser zu werden. Indem Sie lernen, auf Feedback zu hören und bei Bedarf Änderungen vorzunehmen, können Sie Ihrem Publikum zeigen, dass Sie es ernst meinen mit der Bereitstellung hochwertiger Inhalte, die seinen Bedürfnissen entsprechen. Auf diese Weise können Sie eine potenziell schädliche Situation in einen Gewinn für Ihre Marke verwandeln.

Hilfreiche Tools

Es gibt viele verschiedene Tools und Apps, die Sie bei Ihren Content-Marketing-Bemühungen unterstützen können. Werfen wir einen Blick auf einige der beliebtesten Optionen:

Hootsuite

Hootsuite ist eines der beliebtesten Content-Marketing-Tools und wird von Unternehmen aller Größenordnungen auf der ganzen Welt verwendet. Es ist ein Tool zur Verwaltung sozialer Medien, mit dem Sie Beiträge auf mehreren Plattformen wie Facebook, Instagram, Twitter, LinkedIn usw. planen können. So können Sie Ihre Inhalte effektiver verwalten und mit weniger Aufwand ein größeres Publikum erreichen!

Canva

Canva ist ein großartiges Tool für die Erstellung von Inhalten von unterwegs. Ganz gleich, ob Sie ein individuelles Bild oder eine Infografik erstellen möchten, Canva verfügt über alle Funktionen und Vorlagen, die Sie benötigen, um diese Aufgabe schnell und einfach zu erledigen. Außerdem gibt es jede Menge kostenloser Bilder und Grafiken, die Sie verwenden können!

Buffer

Buffer ist ein weiteres beliebtes Tool zur Verwaltung sozialer Medien, das ähnliche Funktionen wie Hootsuite bietet. Damit können Sie Inhalte auf Facebook, Twitter, Instagram, LinkedIn, Google+ und Pinterest von einem zentralen Ort aus planen und veröffentlichen. Das macht die Verwaltung Ihrer Social Media-Konten sehr viel einfacher!

Pixlr

Wenn Sie auf der Suche nach einem kostenlosen und einfach zu bedienenden Fotoeditor sind, ist Pixlr eine ausgezeichnete Wahl. Es enthält alle grundlegenden Werkzeuge, die Sie zum Bearbeiten und Verbessern Ihrer Bilder benötigen, sowie erweiterte Funktionen wie Ebenen und Spezialeffekte. Und das Beste ist, dass es in Ihrem Webbrowser funktioniert, so dass Sie keine Software herunterladen müssen!

HubSpot

HubSpot ist eines der beliebtesten Content-Marketing-Tools auf dem Markt. Es bietet Funktionen wie eine integrierte Website und einen Blog, integrierte Verwaltung sozialer Medien, E-Mail-Marketing und mehr. Mit diesem Tool können Sie alle Ihre Inhalte an einem Ort verwalten!

Grammarly

Grammarly ist ein großartiges Online-Tool, das Ihnen hilft, Ihre Inhalte Korrektur zu lesen und Fehler zu erkennen. Es enthält eine Rechtschreibprüfung, eine Grammatikprüfung, einen Stileditor, einen Plagiatsdetektor und vieles mehr. Grammarly ist kostenlos und hilft Ihnen dabei, jedes Mal hochwertige Inhalte zu erstellen

Content Marketing auf YouTube

Es besteht kein Zweifel, dass YouTube zu einer leistungsstarken Plattform für die Vermarktung von Inhalten geworden ist. Mit über 2,5 Milliarden monatlichen Nutzern[12] bietet sie ein riesiges Potenzial für Ihre Videos. Aber die Erstellung effektiver YouTube-Kampagnen kann schwierig sein. Um erfolgreich zu sein, müssen Sie verstehen, wie YouTube funktioniert und wie Sie seine Funktionen nutzen können, um Ihr Zielpublikum zu erreichen und zu begeistern.

In diesem Kapitel gehen wir auf die verschiedenen Möglichkeiten ein, wie Sie Videoinhalte auf YouTube nutzen können, um Ihr Unternehmen oder Produkt zu vermarkten. Sie lernen die verschiedenen Arten von Videos kennen, die auf YouTube am besten funktionieren, und erhalten Tipps für die Erstellung erfolgreicher Content Marketing Kampagnen.

Was ist YouTube und wer nutzt es?

Im Grunde genommen ist YouTube eine Plattform zum Teilen von Videos. Sie wurde 2005 von drei ehemaligen PayPal-Mitarbeitern gegründet und hat sich schnell zu einer der beliebtesten Websites der Welt entwickelt. Heute ist es die

---

[12] Stand Januar 2022,
Quelle: https://de.statista.com/themen/162/youtube/

Anlaufstelle für Videos im Internet schlechthin und hat Mitbewerber wie Vimeo längst hinter sich gelassen.

Obwohl YouTube in erster Linie zur Unterhaltung genutzt wird, gibt es auch viele Einsatzmöglichkeiten in der Geschäftswelt. Unternehmen und Organisationen können YouTube nutzen, um ihre Inhalte mit einem breiten Publikum zu teilen, Markenbekanntheit aufzubauen, Produkte oder Dienstleistungen zu demonstrieren und vieles mehr.

Der durchschnittliche YouTube-Nutzer ist ein junger, technikaffiner Mensch, der viel Zeit im Internet verbringt. Daher ist es wichtig, dass Ihre Marketingkampagnen auf YouTube diese Zielgruppe ansprechen und sie auf einer persönlichen Ebene erreichen.

So nutzen Sie YouTube für Ihr Content Marketing:

1. Beginnen Sie mit der Einrichtung eines YouTube-Kanals für Ihr Unternehmen oder Produkt. Hier werden Sie alle Ihre Videos veröffentlichen und mit Ihrem Publikum interagieren. Sie können das Erscheinungsbild Ihres Kanals an Ihre Marke anpassen und ein einzigartiges Logo hinzufügen, damit die Menschen Ihre Inhalte wiedererkennen.

2. Starten Sie als nächstes damit, regelmäßig Videos zu veröffentlichen. Das bedeutet nicht unbedingt, dass Sie umfangreiche Inhalte produzieren müssen; tatsächlich sind kürzere Videos auf YouTube oft effektiver. Einige gute Ideen für Videos sind z.B. Produktdemos, Anleitungen, Erfahrungsberichte von Kunden oder Fallstudien und Blicke hinter die Kulissen Ihres Unternehmens und Ihrer Branche.

3. Um die Reichweite Ihrer Videos zu maximieren, können Sie die bezahlten Werbeoptionen von YouTube nutzen. Sie können Nutzer anhand einer Vielzahl von Kriterien wie Alter, Standort, Sprache, Interessen und mehr ansprechen. Auf diese Weise erreichen Sie mit Ihren Inhalten genau die Menschen, die sich am ehesten dafür interessieren. Dies ist jedoch keine Voraussetzung für den Erfolg auf YouTube - viele Unternehmen haben ihr Publikum organisch vergrößert, indem sie einfach kontinuierlich hochwertige Inhalte produziert haben.

4. Stellen Sie sicher, dass Sie diese Videos mit einem Ziel vor Augen produzieren. Was wollen Sie, dass die Nutzer tun? Ein Ziel ist es natürlich, ein Like und einen neuen Abonnenten zu bekommen. Erinnern Sie sie also daran, die Like-Schaltfläche zu drücken und Ihren Kanal zu abonnieren, indem Sie diese Elemente in die Miniaturansicht Ihres Videos oder in die Beschreibung

aufnehmen. Vielleicht möchten Sie aber auch, dass sie sich in Ihre E-Mail-Liste eintragen, einen Link in der Beschreibung besuchen, sich ein anderes Video ansehen usw. Wichtig ist, dass Sie sich darüber im Klaren sind, was die Nutzer tun sollen, und dass Sie ihnen einen klaren Weg dorthin zeigen.

5. Verfolgen Sie schließlich, wie Ihre Videos ankommen, um herauszufinden, was funktioniert und was nicht. Nutzen Sie diese Informationen, um Ihre aktuelle Strategie zu überarbeiten oder bei Bedarf neue Ansätze auszuprobieren.

Wenn Sie mit YouTube-Marketing erfolgreich sein wollen, ist es wichtig, kreativ zu sein und verschiedene Strategien auszuprobieren, um herauszufinden, was für Ihr Unternehmen am besten funktioniert. Mit dem richtigen Ansatz können Sie ein großes Publikum erreichen und langfristige Beziehungen zu Ihren Zielkunden auf YouTube aufbauen.

Videoarten für YouTube

Es gibt mehrere verschiedene Arten von Videos, die Sie für Ihre YouTube-Marketingkampagnen erstellen können. Einige der beliebtesten Videoformate sind:

- **Produktbesprechungen und Unboxing-Videos:** Diese eignen sich hervorragend, um Ihre Produkte oder Dienstleistungen vorzustellen und potenziellen Kunden Informationen über deren Vorteile zu geben. Sofern Ihre Produkte nicht so angesagt sind wie die von Apple oder Tesla, sollten Sie dies als Werbung für Ihr Unternehmen betrachten, so dass es zu den 20 % der Werbung in Ihrem Content-Marketing-Mix zählen würde.

- **Vlogs (Video-Blogs):** Dabei handelt es sich im Wesentlichen um kurze Videotagebücher, die einen Blick hinter die Kulissen Ihres Unternehmens oder Ihres Lebens bieten. Das kann so einfach sein wie eine Aufnahme von Ihnen selbst, in der Sie über etwas sprechen, das mit Ihrer Branche zu tun hat, oder in der Sie Ausschnitte aus Ihren täglichen Aktivitäten zeigen. Vlogs können Ihnen dabei helfen, eine persönlichere Beziehung zu Ihrer Zielgruppe aufzubauen, und eignen sich hervorragend zur Steigerung der Markenbekanntheit.

- **Tutorials und Anleitungen:** Wenn Sie ein Experte auf Ihrem Gebiet sind, kann die Erstellung von Tutorial-Videos dazu beitragen, Sie als Autorität in Ihrer Branche zu etablieren. Achten Sie darauf, dass die Videos ansprechend, interessant und hilfreich für Ihre Zielgruppe sind.

- **Live-Frage-und-Antwort-Runden:** Dies ist eine gute Möglichkeit, Ihr Publikum einzubinden und ihm Fragen zu seinen Problemen, Ihrem Unternehmen oder Ihrem Produkt zu stellen. Sie können diese Videos auch nutzen, um Ideen für neue Produkte oder Dienstleistungen zu sammeln.

- **Blick hinter die Kulissen Ihres Unternehmens:** Die Erstellung von Inhalten, die den Menschen die "menschliche Seite" Ihres Unternehmens zeigen, kann dazu beitragen, Vertrauen und Glaubwürdigkeit bei potenziellen Kunden aufzubauen.

- **Zeugnisse von Kunden und Fallstudien:** Wenn Sie zufriedene Kunden haben, können Sie diese dazu bringen, in einem Video über ihre positiven Erfahrungen zu berichten. Vielleicht möchten Sie auch Branchenexperten oder Vordenker auf Ihrem Gebiet für Ihre Videos interviewen.

- **Analyse der Wettbewerber:** Sie können YouTube nutzen, um zu beobachten, was Ihre Konkurrenten tun, oder sogar versuchen, deren Marketingbemühungen zu stören, indem Sie ein Video erstellen, das direkt auf eine ihrer Kampagnen antwortet. Seien Sie jedoch vorsichtig in Bezug auf das Gesetz gegen unlauteren Wettbewerb und holen Sie sich rechtlichen Rat, bevor Sie etwas in dieser Hinsicht tun!

Es gibt viele verschiedene Arten von Videos, die Sie für Ihre YouTube-Marketingkampagnen erstellen können. Das Wichtigste ist, dass Sie mit verschiedenen Formaten experimentieren, um herauszufinden, was bei Ihrem Publikum am besten ankommt.

Wie der YouTube-Algorithmus funktioniert

YouTube verwendet einen Algorithmus, um zu bestimmen, welche Videos in den Suchergebnissen und Empfehlungen erscheinen. Dieser Algorithmus berücksichtigt eine Vielzahl von Faktoren, wie z.B. die Anzahl der Aufrufe, wie oft das Video zu Wiedergabelisten hinzugefügt oder aus diesen entfernt wurde, ob die Zuschauer auf vorgeschlagene Videos geklickt haben (d.h. die Betrachtungsdauer) und vieles mehr. Durch die Optimierung dieser Elemente können Sie Ihre Sichtbarkeit auf YouTube verbessern und mehr Menschen dazu bringen, sich Ihre Videos anzusehen.

Einer der wichtigsten Faktoren im Algorithmus von YouTube ist die Betrachtungsdauer. Je länger sich jemand ein Video ansieht, desto besser ist es für das Ranking in den Suchergebnissen. Sie sollten also Inhalte erstellen, die die Zuschauer von Anfang bis Ende beschäftigen. Sie können auch versuchen, Videos zu "stapeln", um die Betrachtungsdauer zu erhöhen, indem Sie eine Wiedergabeliste mit verwandten Videos erstellen und die Betrachter dazu anregen, alle Videos nacheinander anzusehen.

Neben der Betrachtungsdauer berücksichtigt der YouTube-Algorithmus auch die Klickrate (CTR). Dies ist der Prozentsatz der Personen, die Ihr Video angeklickt haben, nachdem sie es in den Suchergebnissen oder empfohlenen Videos gesehen haben. Indem Sie Ihren Titel, Ihre Beschreibung und Ihr Vorschaubild optimieren, können Sie die Anzahl der Personen erhöhen, die auf Ihr Video klicken, wenn sie es in den Suchergebnissen oder in den vorgeschlagenen Videos sehen.

YouTube achtet auch sehr darauf, wie häufig Sie neue Inhalte hochladen. Wenn Sie Ihre Zuschauer mit regelmäßigen Veröffentlichungen fesseln, können Sie dafür sorgen, dass sie immer wieder auf Ihre Seite zurückkehren und Ihre Suchergebnisse verbessern.

YouTube Content Marketing

Um auf YouTube erfolgreich Content Marketing zu praktizieren, reicht es nicht, einfach Videos auf der Plattform zu veröffentlichen und auf das Beste zu hoffen. Sie brauchen eine klare Strategie, die mit Ihren allgemeinen Geschäftszielen und den Bedürfnissen Ihrer Zielgruppe übereinstimmt, und müssen diese Strategie dann mit hochwertigen Videoinhalten umsetzen. Hier sind einige Tipps für eine effektive YouTube-Marketingkampagne:

- Identifizieren Sie Ihre Zielgruppe und erstellen Sie Inhalte, die sie ansprechen. Lösen Sie ihre Probleme, unterhalten Sie sie, und fesseln Sie sie mit interessanten Inhalten.

- Recherchieren Sie andere erfolgreiche YouTube-Kanäle und Videoersteller in Ihrer Branche und schauen Sie, was Sie von deren Kampagnen lernen können. Versuchen Sie, deren Erfolg nachzuahmen, indem Sie die Arten von Videos, die sie erstellen, sowie die Art und Weise, wie sie diese Videos auf YouTube und außerhalb der Website bewerben, nachahmen.

- Seien Sie konsistent, was das Hochladen von Videos angeht. Das gibt den Zuschauern ein Gefühl der Regelmäßigkeit und hilft Ihnen außerdem, Ihre Suchergebnisse im Laufe der Zeit zu verbessern. Denn der Algorithmus von YouTube liebt es, wenn Videos immer an den gleichen Tagen zur gleichen Zeit online gehen!

- Stellen Sie sicher, dass Sie die besten Schlüsselwörter in Ihrem Videotitel, Ihrer Beschreibung und Ihren Tags verwenden, um Ihre Sichtbarkeit bei der Suche auf

YouTube zu maximieren. Ein gutes SEO-Keyword-Recherche-Tool wie Ahrefs kann Ihnen dabei helfen.

- Einbauen von Call-to-Actions (CTAs) in Ihr Video und die Videobeschreibung, um die Zuschauer zu ermutigen, den nächsten Schritt zu machen, sei es, dass sie Ihren Kanal abonnieren, Ihnen in den sozialen Medien folgen oder Ihre Website besuchen.

- Versuchen Sie stets, Ihre Kampagnen auf der Grundlage dessen, was funktioniert und was nicht, zu verbessern und zu wiederholen. Wenn Sie mehr Daten über Ihre Zuschauer und deren Reaktionen sammeln, können Sie diese Informationen nutzen, um zukünftige Videos zu verbessern.

- Interagieren Sie mit den Zuschauern im Kommentarbereich, insbesondere wenn diese Fragen zu Ihren Produkten oder Dienstleistungen stellen.

- Verwenden Sie Kommentare und Aufrufe zum Handeln, um die Zuschauer zu ermutigen, Ihren Kanal zu abonnieren und Ihre Videos mit ihren Freunden zu teilen.

- Erstellen Sie Wiedergabelisten mit verwandten Videos, die dazu anregen, sich mehr von Ihren Inhalten anzusehen.

- Ein letzter Tipp: Wenn es um YouTube Content Marketing geht, sollten Sie immer wieder mit neuen Taktiken und Strategien experimentieren, um zu sehen, was bei Ihrem Publikum am besten ankommt.

Probieren Sie weiterhin verschiedene Arten von Videos aus, posten Sie regelmäßig, tauschen Sie sich mit den Zuschauern im Kommentarbereich aus und optimieren Sie Ihre Inhalte für die Suche, damit sie von mehr Menschen angeschaut werden. Wenn Sie diese Tipps beherzigen, werden Sie bald erfolgreiche YouTube-Marketingkampagnen erstellen, die Ihnen dabei helfen, Ihre Marke bekannt zu machen, Leads und Verkäufe zu steigern und den ROI für Ihr Unternehmen zu erhöhen.

Wie man Videos produziert

Jetzt, da wir ein wenig über die Grundlagen von YouTube wissen, lassen Sie uns darüber sprechen, wie Sie Ihre Videos erstellen und produzieren!

Es gibt verschiedene Möglichkeiten, wie Sie Videos für Ihren YouTube-Kanal erstellen können, aber die beiden beliebtesten Methoden sind das Aufnehmen von Live-Videos und das Erstellen von Animationen oder bewegten Grafiken. Beide

Methoden haben ihre Vor- und Nachteile, daher ist es wichtig, dass Sie bei der Wahl zwischen den beiden Methoden berücksichtigen, welche Art von Inhalten Sie produzieren möchten.

Filmmaterial von Ihnen

Wenn Sie sich selbst als Hauptperson in Ihren Videos filmen, verwenden Sie in der Regel ein Smartphone oder eine Digitalkamera, um sich selbst aufzunehmen. Anschließend wird das Material bearbeitet und kann mit Spezialeffekten und Sprachaufnahmen angereichert werden, um es für die Zuschauer interessanter zu machen. Dieser Ansatz eignet sich perfekt für die Erstellung von Content Marketing Videos, das das Resultat persönlicher und authentischer ist. Ein Video von sich selbst ist die realistischste Art, eine Person oder ein Ereignis zu erfassen.

Die Aufnahme von Live-Filmen hat jedoch auch einige Nachteile. Zum einen kann es zeitaufwändig und arbeitsintensiv sein, mit dieser Methode hochwertige Videos zu produzieren. Insbesondere dann, wenn Sie noch unerfahren sind, sich häufig verhaspeln oder es Ihnen unangenehm ist, vor der Kamera zu sprechen.

Außerdem müssen Sie über ein wenig technische Kenntnisse verfügen, um die besten Ergebnisse zu erzielen, z.B. die

Fähigkeit, mit Beleuchtung umzugehen oder mit einer Videobearbeitungssoftware zu arbeiten.

Aber die Vorteile sind es allemal wert. Und es muss auch gar nicht so kompliziert sein, wie es scheint. Wenn Sie in eine qualitativ hochwertige Kamera und eine einfache Videobearbeitungssoftware investieren, können Sie selbst Live-Footage-Videos erstellen.

Wenn Ihr Unternehmen über ein Büro verfügt oder Sie einen schönen Ort haben, an dem Sie sich selbst filmen können, könnte dies eine gute Option für Sie sein. Ansonsten kann man auch einen so genannten Greenscreen verwenden. Dieser grüne Hintergrund lässt sich später ausschneiden und durch einen Hintergrund Ihrer Wahl ersetzen.

Nehmen wir an, Sie sind ein Zahnarzt mit einer Praxis. Dann könnten Sie sich leicht acht Ideen für Videos ausdenken, die Sie an einem Samstag pro Monat aufnehmen, dann bearbeiten und zweimal pro Woche ein Video hochladen. Ein paar Stunden Arbeit an einem Samstag würden Ihren Kanal mit genügend Inhalt für einen Monat versorgen. Und es wäre nicht einmal viel Arbeit, wenn es richtig gemacht wird. Sie könnten zum Beispiel über die folgenden Themen sprechen:

- Wie man seine Zähne und das Zahnfleisch richtig pflegt

- Was die häufigsten Zahnprobleme sind und wie man ihnen vorbeugen kann
- Häufige Mythen in der Zahnmedizin (z.B. Wirkt Zahnpasta XYZ?)
- Wie man einen Zahnarzt auswählt, ein perfektes Lächeln erhält, die Kosten der Behandlung usw.
- Wie funktionieren Füllungen und welche ist die beste?
- Was kann man tun, wenn man Angst vor dem Zahnarzt hat?
- Was ist bei einer Zahnextraktion zu beachten?
- Wie funktionieren kosmetische Zahnbehandlungen und was kann man erwarten?
- Und so weiter.

Sehen Sie, wie diese Videos das Potenzial haben, diesem Zahnarzt ständig neue Abonnenten zu verschaffen? Vergleichen Sie dies nun mit einem normalen Zahnarzt vor Ort, der vielleicht nicht die Zeit hat, Ihnen die Verfahren, die er durchführen möchte, im Detail zu erklären, oder den Sie vielleicht nicht so gut kennen und mögen wie diesen Zahnarzt von YouTube.

Es besteht kein Zweifel daran, dass einige Menschen eine weite Reise in Betracht ziehen würden, um sich von diesem YouTube-Zahnarzt behandeln zu lassen. Und das macht vor allem dann Sinn, wenn er sich auf Behandlungen spezialisiert hat, mit denen sich auch wirklich gutes Geld verdienen lässt (wie z.B. Implantationen). Und das bei nur einem Samstag Arbeit im

Monat! Die Möglichkeiten sind endlos. Und das gilt auch für jedes andere Business.

Wenn Sie bei der Videoproduktion noch einen Zahn zulegen wollen, können Sie auch in fortschrittliche Ausrüstung wie hochauflösende Kameras und professionelle Beleuchtung investieren. Dies verleiht Ihren Videos ein ausgefeilteres Aussehen und macht es einfacher, kontinuierlich hochwertige Inhalte zu produzieren.

Insgesamt gibt es viele verschiedene Möglichkeiten, Videos für Ihren YouTube-Kanal zu erstellen. Es ist also wichtig, mit verschiedenen Ansätzen zu experimentieren und denjenigen zu finden, der für Sie und Ihr Unternehmen am besten funktioniert. Mit etwas Planung, Kreativität und Ausdauer werden Sie bald ansprechende und effektive Videoinhalte erstellen, mit denen Sie sich eine treue Fangemeinde aufbauen können.

Bewegte Grafiken/Animation

Wenn Sie lieber ausgefeiltere und professioneller aussehende Videos mit Hilfe von bewegten Grafiken oder Animationen erstellen möchten, müssen Sie in der Regel ein Team von Designern und Künstlern engagieren, das Ihnen bei der Konzeption und Erstellung von ansprechenden visuellen Inhalten helfen kann. Dies kann jedoch auch ein zeitaufwändiger und kostspieliger Prozess sein. Daher sollten Sie Ihre Bedürfnisse und Ihr Budget sorgfältig abwägen, bevor Sie sich für diese Art der Videoproduktion entscheiden.

Erklärvideos

Ein weiterer gängiger Videotyp, mit dem Sie Ihr Publikum ansprechen und eine gute Bindung zu ihm aufbauen können, ist ein Erklärvideo. Diese Art von Videos konzentriert sich in der Regel darauf, komplexere Konzepte oder Ideen in eine einfache, leicht verständliche Sprache umzuwandeln. Häufig sieht man dabei eine Hand, die das Gesagte aufmalt, sodass es noch intuitiver verständlich wird. Dies ist ideal für Unternehmen in hochtechnischen Bereichen oder eben immer dort, wo man komplizierte Sachverhalte herunterbrechen möchte.

Unabhängig davon, für welche Methode Sie sich entscheiden, ist es wichtig, das YouTube-Marketing mit einer strategischen Denkweise anzugehen. Dazu gehört, dass Sie sich Gedanken über Ihre Geschäftsziele, die Bedürfnisse und Interessen Ihrer Zielgruppe machen und überlegen, wie Sie Inhalte erstellen können, die bei dieser Zielgruppe Anklang finden. Mit einer durchdachten Planung und konsequenter Arbeit können Sie ansprechende YouTube-Videos erstellen, mit denen Sie sich eine treue Anhängerschaft engagierter und loyaler Kunden aufbauen.

Logo / Video-Intro

Ein professionelles Video enthält zu Beginn eine schöne Logoenthüllung oder ein Videointro, um Ihre Marke hervorzuheben. Dabei handelt es sich in der Regel um eine Animation, die die Essenz Ihrer Markenidentität auf kreative und einprägsame Weise einfängt. Sie können einen Freelancer beauftragen, um ein solches Video für Sie zu erstellen. Keine Sorge, das ist nicht mehr so teuer, wie es einmal war. Wenn Sie auf Plattformen wie Fiverr.com "Logo Enthüllung" oder “Logo Reveal” eingeben, beginnen die Preise bei etwa 5 €. Natürlich möchten Sie vielleicht eine individuellere Logoenthüllung und möglicherweise mit Musik. Aber wenn Sie etwa 100 € bis 200 € investieren, sollten Sie absolut keine Probleme haben.

Achten Sie nur darauf, dass Sie es mit der Länge nicht übertreiben. Während eine lange und verblüffende, hollywoodreife Logoeinblendung für Sie fantastisch aussehen mag, ist sie für den Durchschnittsnutzer völlig uninteressant. Und wenn es 15 Sekunden dauert, um Ihr Logo zu zeigen, ist der Betrachter sicherlich schon wieder weg, bevor Sie überhaupt die Chance hatten, sich ihm zu präsentieren. Versuchen Sie also, die Logoenthüllung bzw. das Intro in einem Bereich von 2 bis 4 Sekunden zu halten.

Es ist auch eine gute Idee, Ihr Logo nicht gleich zu Beginn des Videos zu zeigen. Der Grund dafür? Vergessen Sie nicht:

Menschen, die Ihr Video online finden, kennen Sie oft noch nicht. Sie haben keine Ahnung, was sie erwarten können. Langweilen Sie sie also nicht gleich zu Beginn, indem Sie sich (=Ihr Logo) in den Mittelpunkt stellen. Beginnen Sie das Video stattdessen mit einer netten kleinen Einführung. Stellen Sie sich kurz vor und sagen Sie in Stichpunkten, was die Zuschauer von diesem Video erwarten können. Anschließend können Sie Ihr Logo enthüllen lassen und dann beginnt der Hauptteil des Videos.

Ton

Es gibt eine Sache, bei der niemand bemerkt, wenn sie gut ist, aber jeder es wahrnimmt, wenn sie nicht gut ist. Und das ist der Ton. Stellen Sie sicher, dass Ihr Ton gut ist. Vor allem wenn Sie in die Kamera sprechen, sollten Sie darauf achten, dass der Klang Ihrer Stimme und die Hintergrundgeräusche sich nicht gegenseitig stören. Sie sollten in Erwägung ziehen, für die Aufnahme ein eigenständiges Mikrofon zu verwenden, da das Mikrofon in Ihrem Smartphone oder Tablet möglicherweise nicht gut genug ist. Oder noch besser: Nehmen Sie den Ton separat mit einem externen Aufnahmegerät auf und verwenden Sie dieses für Ihr Video. Eine weitere Sache, die Sie beachten sollten, sind Hintergrundgeräusche durch Verkehr, Wind usw., wenn Sie draußen Videos aufnehmen.

Mikrofon

Der beste Weg, ein gutes Mikrofon zu finden, ist, im Internet nach Anregungen zu suchen. Wenn Sie zum Beispiel nach "bestes Mikrofon für Videoaufnahmen" suchen, finden Sie viele hilfreiche Bewertungen und Artikel, die Ihnen sagen, worauf Sie beim Kauf eines bestimmten Mikrofons achten sollten. Das ist viel besser, als wenn ich Ihnen hier eine Liste geben würde, denn die einzelnen Produkte würden sich unweigerlich ändern oder in der Zukunft nicht mehr angeboten werden, und der Zweck dieses Buches ist es, für einen möglichst langen Zeitraum so relevant wie möglich zu bleiben.

Die gebräuchlichsten Mikrofontypen sind:

- Lavalier-Mikrofone (auch Ansteckmikrofone oder Hemdclip-Mikrofone genannt) - das sind kleine Mikrofone, die an Ihrem Hemd oder Ihrer Krawatte befestigt werden. Sie lassen sich leicht verbergen und sind eine beliebte Wahl für Vlogger, die nicht möchten, dass das Mikrofon gesehen wird.

- USB-Mikrofone - dies sind in der Regel Tischmikrofone, die über USB-Anschlüsse direkt an den Computer angeschlossen werden, so dass Sie außer einem Computer keine weitere Ausrüstung benötigen. Sie eignen sich hervorragend für die Aufnahme von Podcasts oder anderen Audioinhalten, können aber auch für die Aufnahme von Videomaterial verwendet werden.

- Shotgun-Mikrofone - das sind lange, zylindrische Mikrofone, die eine Richtcharakteristik haben, d.h. sie nehmen den Ton vor dem Mikrofon auf und blenden Umgebungsgeräusche aus. Dadurch eignen sie sich perfekt für Videoaufnahmen im Freien, wo Hintergrundgeräusche ein Problem darstellen können.

- Kondensatormikrofone - das sind große, hochwertige Mikrofone, die normalerweise in professionellen Aufnahmestudios verwendet werden. Sie erzeugen einen sehr klaren Ton, können aber recht teuer sein und müssen oft an externe Vorverstärker oder Verstärker angeschlossen werden, bevor sie verwendet werden können. Außerdem sind sie sehr empfindlich, so dass sie alle Hintergrundgeräusche in Ihrer Umgebung aufnehmen und sich für kontrollierte Aufnahmeumgebungen eignen.

- Dynamische Mikrofone - das sind preiswertere Versionen von Kondensatormikrofonen, die eine Spule und einen Magneten verwenden, um Schall in ein elektrisches Signal umzuwandeln. Sie nehmen weniger Hintergrundgeräusche auf als Kondensatormikrofone und sind daher ideal für Aufnahmen in lauten

Umgebungen, in denen Sie dennoch eine gute Audioqualität wünschen.

Für welche Art von Mikrofon Sie sich entscheiden, hängt von der Art der Videos ab, die Sie aufnehmen möchten, und von Ihrem Budget. Auf dem Markt gibt es Mikrofone von guter Qualität im Bereich von 50€ bis 100€, so dass Sie in der Lage sein sollten, eines zu finden, das Ihren Bedürfnissen entspricht.

Pop-Filter

Ein Pop-Filter ist ein Hilfsmittel, das Sie verwenden können, um Poppgeräusche in Ihren Videos zu verhindern. Wenn Sie in ein Mikrofon sprechen, trifft die Luft, die aus Ihrem Mund kommt, auf das Mikrofon und erzeugt einen rauen oder knallenden Ton. Ein Pop-Filter sorgt dafür, dass dieser Luftstrom durch ein Nylongitter gestreut wird, so dass Sie keine störenden Poppgeräusche hören.

Pop-Filter werden in der Regel vor dem Mikrofon platziert, entweder vor oder hinter der Kamera. Sie können aus einer Vielzahl von Materialien hergestellt werden, z.B. aus Nylongaze, Kunststoff- oder Metallgeweben und sogar aus Fell oder Lammfell. Einige Pop-Filter werden auch mit Ständern geliefert, die es Ihnen ermöglichen, sie in verschiedenen Höhen und Winkeln zu platzieren, je nach Ihrem Video-Setup.

Wenn Sie einen Pop-Filter in Ihren Videos verwenden möchten, gibt es einige Dinge zu beachten. Zunächst einmal müssen Sie sicherstellen, dass der Pop-Filter mit Ihrem Mikrofon kompatibel ist. Außerdem müssen Sie Faktoren wie die Größe, den Standort und die Platzierung des Mikrofons sowie den Abstand zum Pop-Filter berücksichtigen (da dies Einfluss darauf hat, wie effektiv der Filter Poppgeräusche dämpft). Schließlich müssen Sie alle zusätzlichen Audiogeräte berücksichtigen, die in Ihren Videos verwendet werden, wie externe Vorverstärker oder Verstärker.

Abbildung: ein Kondensatormikrofon mit Pop-Filter (schwarz)

Insgesamt ist die Verwendung eines Pop-Filters eine gute Möglichkeit, die Qualität Ihrer Videoaufnahmen zu verbessern und unerwünschte Geräusche in Ihren Videos zu vermeiden. Wenn Sie gerade erst anfangen, sollten Sie in einen einfachen Pop-Filter investieren, der mit Ihrem Mikrofon kompatibel ist und nicht viel zusätzliche Ausrüstung oder Einrichtungszeit erfordert. Mit zunehmender Erfahrung können Sie mit verschiedenen Arten von Pop-Filtern und Aufnahmesystemen experimentieren, um dasjenige zu finden, das für Sie am besten funktioniert.

Wenn es also darum geht, das beste Mikrofon für Ihre YouTube-Videos zu finden, recherchieren Sie ein wenig im Internet und probieren Sie verschiedene Arten von Mikrofonen aus, bis Sie eines gefunden haben, das für Ihre speziellen Bedürfnisse gut geeignet ist. Denken Sie daran, dass die Audioqualität entscheidend ist, wenn Sie wollen, dass Ihre Zuschauer weiter zuschauen!

Videoformat

Die meisten Videos auf YouTube werden im 16:9-Breitbildformat aufgenommen. Das bedeutet, dass Sie sich bei Aufnahmen mit Ihrem Smartphone keine Gedanken darüber machen müssen. Wenn Sie jedoch eine professionelle Ausrüstung wie z.B. eine digitale Spiegelreflex-Kamera verwenden und noch im klassischen 4:3-Format filmen, sollten Sie sicherstellen, dass Ihr Sucher auf 16:9 eingestellt ist, bevor Sie mit dem Filmen beginnen.

Ihre Beleuchtung

Die Beleuchtung ist ebenfalls ein wichtiger Aspekt bei der Videoproduktion. Um eine schöne, helle Belichtung ohne harte Schatten und Spiegelungen in Ihrem Motiv zu erzielen, verwenden Sie am besten diffuses Licht, also Licht, das aus allen Richtungen reflektiert wird. Dies kann durch natürliches Licht oder künstliche Beleuchtung erreicht werden, z.B. durch professionelle Scheinwerfer oder Reflektoren, die um die Szene herum aufgestellt werden, um die Härte des direkten Sonnenlichts zu zerstreuen und zu mildern.

Länge des Videos

Außerdem ist es wichtig, die Länge Ihres Videos zu berücksichtigen. Während sich kurze Videos gut für Social Posts oder Instagram Stories eignen, können längere Videos bei YouTube effektiver sein. Wenn Sie beispielsweise eine Marketingkampagne für Videoinhalte auf YouTube erstellen, sollten Sie sich auf längere Videos von etwa 10 Minuten oder mehr konzentrieren, die ausführliche Informationen zu einem bestimmten Thema enthalten. Auf diese Weise können Sie Ihr

Publikum ansprechen und Vertrauen bei den Zuschauern aufbauen, die auf der Suche nach wertvollen Informationen zu einem bestimmten Thema sind. Es ist jedoch auch wichtig, das Format und den Stil Ihrer Videos zu berücksichtigen, wenn Sie die Länge bestimmen, ebenso wie die Art der Inhalte, die Sie erstellen möchten. Ganz gleich, ob Sie kurze Videos im Stil eines Tutorials oder längere Lehrvideos erstellen, die Wahl der richtigen Länge für jedes Video trägt dazu bei, dass Sie Ihren Zuschauern den bestmöglichen Inhalt bieten können.

Greenscreen

Ein Greenscreen ist im Grunde ein Videohintergrund, den Sie nach der Aufnahme des Videos einfach ausschneiden können. Er ermöglicht es Ihnen, ein anderes Video hinter dem abzuspielen, auf dem die Person spricht. Dabei kann es sich sowohl um ein Video als auch um etwas völlig anderes handeln, z.B. ein Foto des Hauptsitzes Ihres Unternehmens.

Der Greenscreen eignet sich für Anwendungen, bei denen Sie ein Hauptthema haben, das sinnvollerweise auf dem ganzen Bildschirm gezeigt werden sollte. Wenn Sie z.B. ein How-To-Tutorial halten und es sinnvoller ist, die PowerPoint-Präsentation auf dem ganzen Bildschirm zu zeigen, kann ein Greenscreen hilfreich sein. In diesem Fall können Sie zwar immer noch auf dem Bildschirm erscheinen, aber nahtlos mit dem Hintergrund verschmelzen.

Es gibt auch Situationen, in denen ein Greenscreen nicht der ideale Videohintergrund ist. Zum Beispiel, wenn Sie so tun, als wären Sie irgendwo, wo Sie nicht sind. Die Zuschauer sind sehr clever und können den Trick leicht durchschauen.

Achten Sie also darauf, dass Sie einen Greenscreen immer dann verwenden, wenn er dazu beiträgt, die Qualität Ihrer Videos zu verbessern, und dass Sie ihn nicht einsetzen, um Ihr Publikum in die Irre zu führen oder sich unaufrichtig zu verhalten. Ein Greenscreen kann ein äußerst nützliches Werkzeug für Ihre YouTube-Videos sein, aber es ist wichtig, dass Sie ihn sinnvoll und strategisch einsetzen.

Software zur Bearbeitung Ihrer Videos

Sobald Sie Ihre Videos aufgenommen haben, ist es an der Zeit, sie zu bearbeiten. Schließlich wollen Sie ja Ihr Logo einfügen und alle seltsamen Szenen herausschneiden. Keine Sorge, es gibt viele hervorragende Videobearbeitungsprogramme, die Sie für die Bearbeitung Ihrer Videos verwenden können. Einige Optionen, die Sie in Betracht ziehen sollten, sind Adobe Premiere Pro, Final Cut Pro und Sony Vegas Pro.

Dies sind alles professionelle Bearbeitungsprogramme, die eine Reihe von fortschrittlichen Funktionen und Tools bieten, mit denen Sie professionell aussehende Videos erstellen können. Um loszulegen, laden Sie einfach eines dieser Programme herunter und machen Sie sich mit den grundlegenden Funktionen und Möglichkeiten vertraut. Danach können Sie mit verschiedenen Bearbeitungstechniken und Effekten experimentieren, um die besten Möglichkeiten zu finden, Ihre Botschaft zu vermitteln und Ihr Publikum zu begeistern. Sie können auch Online-Kurse belegen, um Ihre Kenntnisse zu verbessern.

Natürlich gibt es auch kostenlose Videobearbeitungsprogramme, die Sie für die Erstellung Ihrer Videos verwenden können. Einige gute Optionen sind iMovie und Windows Movie Maker/ Video Editor, die auf einer Vielzahl von Plattformen verfügbar sind. Allerdings bieten diese Programme im Vergleich zu den oben erwähnten professionellen Softwareoptionen in der Regel nur begrenzte Funktionen und Möglichkeiten, so dass Sie sie mit etwas Vorsicht genießen sollten.

Wenn Sie ein iPhone besitzen, können Sie auch auf einige großartige Videobearbeitungs-Apps zurückgreifen, mit denen Sie auch unterwegs beeindruckende Videos erstellen können. Zu den beliebtesten Optionen gehören iMovie, Splice Video Editor und Adobe Premiere Rush. Diese Programme wurden speziell für die mobile Nutzung entwickelt, so dass sie eine sehr bequeme Möglichkeit darstellen, Ihre Videos unterwegs zu bearbeiten.

Oder wenn Sie in erster Linie Ihr Smartphone für die Aufnahme Ihrer Videos verwenden und sowieso lieber am Smartphone bearbeiten.

Unabhängig davon, für welche Videobearbeitungssoftware Sie sich entscheiden, ist es wichtig, dass Sie Ihren Arbeitsablauf bei der Videobearbeitung konsistent und organisiert halten. Das bedeutet, dass Sie alle Ihre Videos in separaten Ordnern organisieren, einen linearen Bearbeitungsprozess erstellen und regelmäßig Sicherungskopien Ihrer Arbeit erstellen. Mit diesen Schritten können Sie sicherstellen, dass Sie qualitativ hochwertige Videos erstellen, die Ihre Zielgruppe effektiv ansprechen.

Titel, Beschreibung und Vorschaubild

Der Titel, die Beschreibung und das Vorschaubild Ihrer YouTube-Videos gehören zu den wichtigsten Elementen, die Sie bei der Erstellung erfolgreicher YouTube-Kampagnen berücksichtigen sollten. Diese Faktoren tragen nicht nur dazu bei, Ihr Suchmaschinen-Ranking zu verbessern, sondern spielen auch eine wichtige Rolle bei der Entscheidung, ob potenzielle Zuschauer Ihr Video tatsächlich anklicken oder nicht.

Um einen effektiven Titel für Ihr Video zu erstellen, denken Sie an die wichtigsten Punkte oder Informationen, die Sie enthalten haben möchten, sowie an Schlüsselwörter oder andere relevante

Begriffe, die Sie zur Beschreibung Ihres Inhalts verwenden können. Ihr Titel sollte klar und prägnant sein und auch wichtige Details wie die Länge Ihres Videos oder den Namen Ihrer Marke enthalten.

Denken Sie beim Verfassen Ihrer Videobeschreibung an Ihr Zielpublikum. Versuchen Sie, einige wichtige Informationen über Ihr Video aufzunehmen, wie z.B. die wichtigsten Punkte, die Sie behandeln, und relevante Schlüsselwörter, die den Besuchern helfen, Ihre Inhalte zu entdecken. Sie können hier auch eine Aufforderung zum Handeln oder Links zu Ihren sozialen Medien oder anderen verwandten Inhalten einfügen.

Bei der Auswahl eines Vorschaubildes für Ihr Video kommt es darauf an, dass es fesselnd und faszinierend ist, aber dennoch genau das wiedergibt, was Ihr Publikum erwarten kann. Idealerweise sollten Sie einen Screenshot oder eine Bildschirmkopie aus Ihrem Video verwenden, der/die sofort die Aufmerksamkeit der Zuschauer erregt und sie dazu bringt, sich das Video anzusehen. Vielleicht möchten Sie auch mit anderen Vorschaubildern experimentieren, wenn Sie feststellen, dass Ihre erste Wahl nicht so gut funktioniert, wie Sie es sich wünschen.

Kurz gesagt, der Schlüssel zur Erstellung effektiver YouTube-Kampagnen liegt darin, dass Sie allen beteiligten Elementen große Aufmerksamkeit schenken. Wenn Sie diese Schritte befolgen und kluge Entscheidungen in Bezug auf Ihren

Titel, Ihre Beschreibung und Ihr Vorschaubild treffen, können Sie die Sichtbarkeit und das Engagement Ihrer Videos verbessern und letztendlich ein größeres Publikum von potenziellen Zuschauern erreichen.

Untertitel

Wenn Sie Ihr Zielpublikum auf YouTube erfolgreich erreichen und ansprechen möchten, sollten Sie unbedingt Untertitel in Ihre Videos einbauen. Diese Funktion trägt nicht nur dazu bei, die Zugänglichkeit Ihrer Inhalte zu verbessern, sondern hilft auch Zuschauern, die den Ton ausschalten oder Schwierigkeiten beim Hören haben.

Das Hinzufügen von Untertiteln zu Ihren YouTube-Videos ist ein relativ einfacher Vorgang. Gehen Sie dazu in Ihrem YouTube-Konto in den Bereich "Video Manager" und klicken Sie auf die Registerkarte "Videos". Wählen Sie dort das Video aus, dem Sie Untertitel oder Videotext hinzufügen möchten, und klicken Sie dann auf die Schaltfläche "Untertitel/CC", die über dem Video erscheint.

Daraufhin wird ein neuer Bildschirm angezeigt, in dem Sie aus verschiedenen Optionen zum Hinzufügen von Untertiteln für Ihr Video wählen können. Sie können entweder Ihre eigenen Untertitel und Videotexte manuell erstellen, indem Sie sie selbst eintippen, oder Sie können ein Tool zur automatischen Spracherkennung (ASR) verwenden, um ein Transkript für Ihr Video zu erstellen.

Sobald Sie die entsprechende Option zum Hinzufügen von Untertiteln oder Videotext zu Ihrem Video ausgewählt haben, geben Sie den Text, der auf dem Bildschirm erscheinen soll, einfach ein oder laden ihn hoch. Klicken Sie dann auf "Veröffentlichen" und Ihre Untertitel oder Untertitel werden zu Ihrem Video hinzugefügt.

Wenn Sie sicherstellen möchten, dass Ihre Untertitel so hochwertig und genau wie möglich sind, kann es hilfreich sein, sie zu überprüfen, nachdem sie zu Ihrem Video hinzugefügt wurden. Gehen Sie dazu in Ihrem Konto auf die Registerkarte "Videos" und wählen Sie das Video aus, das Sie überprüfen möchten. Von dort aus klicken Sie einfach auf die Schaltfläche "Untertitel und CC", um Ihre Untertitel oder Untertitel für das von Ihnen ausgewählte Video zu sehen.

Insgesamt kann das Hinzufügen von Untertiteln für Ihre YouTube-Videos dazu beitragen, diese zugänglicher, ansprechender und attraktiver für die Zuschauer zu machen. Wenn Sie sich die Zeit nehmen, diese Funktionen zu Ihren Inhalten hinzuzufügen, können Sie sicherstellen, dass Ihre Botschaft allen Zuschauern, unabhängig von deren Hörvermögen, effektiv vermittelt wird. Wenn Sie also die

Wirkung und das Engagementpotenzial Ihrer YouTube-Videos maximieren möchten, sollten Sie unbedingt Untertitel einbauen!

Content Marketing durch einen Podcast

Podcasts sind eine prima Grundlage, um mit potenziellen Kunden und Klienten in Kontakt zu treten, da sie ein intimes, persönliches Erlebnis bieten. Der Einsatz von Podcasts als Teil Ihrer Content-Marketing-Strategie kann Ihnen helfen, Vertrauen bei potenziellen Kunden aufzubauen und mehr Verkäufe zu erzielen. In diesem Kapitel erfahren Sie, wie Sie Podcasts nutzen können, um für Ihre Produkte und Dienstleistungen zu werben, Ihr Wissen und Ihre Erfahrung mit potenziellen Kunden zu teilen und mehr Leads für Ihr Unternehmen zu generieren.

Einer der wichtigsten Vorteile des Einsatzes von Podcasts im Rahmen Ihrer Content-Marketing-Strategie besteht darin, dass sie eine hervorragende Möglichkeit bieten, mit potenziellen Kunden auf einer intimen Ebene in Kontakt zu treten. Im Gegensatz zu anderen Arten von Inhalten, wie z.B. Blogbeiträgen oder Artikeln, können Sie mit Podcasts Ihr Publikum auf eine persönlichere Art und Weise direkt ansprechen und so eine intime Erfahrung schaffen, die dazu beitragen kann, Vertrauen aufzubauen und dauerhafte Beziehungen zu knüpfen.

Ein weiterer Vorteil des Einsatzes von Podcasts als Teil Ihrer Content-Strategie ist, dass Sie potenziellen Kunden wertvolle Informationen über Ihre Produkte und Dienstleistungen liefern können, die ihnen helfen, eine fundierte Entscheidung darüber zu treffen, ob sie mit Ihnen zusammenarbeiten möchten oder nicht. Indem Sie Ihr Wissen und Ihre Erfahrung auf diese Weise weitergeben, können Sie dazu beitragen, sich als Experte für Ihre Produkte oder Dienstleistungen zu etablieren, was zu mehr Umsatz und höheren Gewinnen für Ihr Unternehmen führen kann.

Schließlich ist Podcasting auch eine großartige Möglichkeit, mehr Leads für Ihr Unternehmen zu generieren, indem Sie Links zu kostenlosen Ressourcen auf Ihrer Website oder Ihrem Blog veröffentlichen. Dazu können herunterladbare Whitepapers, E-Books oder andere Inhalte wie Checklisten oder Vorlagen gehören, die potenziellen Kunden helfen, ein bestimmtes Problem zu lösen. Indem Sie auf diese Weise wertvolle Ressourcen anbieten, können Sie potenzielle Kunden über Ihre Produkte und Dienstleistungen aufklären und sie dazu ermutigen, Sie für weitere Informationen oder Beratung zu kontaktieren.

Insgesamt ist Podcasting ein effektives Instrument, das jedes Unternehmen als Teil seiner Content-Marketing-Strategie nutzen sollte. Indem Sie mit potenziellen Kunden auf eine persönlichere Art und Weise in Kontakt treten, können Sie Vertrauen aufbauen und dauerhafte Beziehungen schaffen, die zu höheren Umsätzen und Gewinnen für Ihr Unternehmen führen können. Worauf warten Sie also noch? Beginnen Sie noch heute mit dem Podcasting!

Verschiedene Formen von Podcasts

Es gibt viele verschiedene Formen von Podcasts, die Sie im Rahmen Ihrer Content-Marketing-Strategie einsetzen können. Hier sind ein paar beliebte Formate, die Sie in Betracht ziehen sollten:

- Podcasts im Interview-Stil: Sie interviewen Vordenker und Branchenexperten zu einem bestimmten Thema, was Ihnen helfen kann, sich als Experte auf Ihrem Gebiet zu etablieren.

- Das Solo/Monolog-Podcast-Format: Sie teilen Ihre eigenen Gedanken, Meinungen und Ideen zu einem bestimmten Thema mit.

- Podcast-Serien: Sie nehmen mehrere Episoden zu einem bestimmten Thema auf, das mit Ihrem Unternehmen zu tun hat, um sich als Experte zu etablieren und mehr Kontakte zu knüpfen;

- Q&A-Podcasts: Beantworten Sie die Fragen Ihrer Zuhörer in Echtzeit, um eine direkte Verbindung mit Ihrer

Zielgruppe herzustellen und das Engagement zu erhöhen.

- Konversations-Podcasts: Sie führen ein Gespräch mit einem Kollegen oder Freund über ein Thema, das für Ihre Zielgruppe von Interesse ist.

- Das Panel-Podcast-Format: Sie laden eine Gruppe von Branchenexperten ein, um ein bestimmtes Thema zu diskutieren. Dies kann hilfreich sein, um Vertrauen und Autorität bei potenziellen Kunden aufzubauen.

- Podcasts für Einsteiger: Sie bieten einführende Informationen zu einem bestimmten Thema, um neuen Hörern den Einstieg in das von ihnen gewählte Gebiet zu erleichtern.

- Nicht-fiktionales Storytelling-Podcast-Format: Erzählen Sie echte Geschichten oder Erlebnisse, die mit Ihren Produkten und Dienstleistungen zu tun haben, und bauen Sie so Vertrauen auf.

- Podcast-Theater-Podcast-Format: Sie spielen kurze Geschichten oder Monologe zu Ihren Produkten und Dienstleistungen nach und können so auf unterhaltsame Weise mit potenziellen Kunden in Kontakt treten.

- Podcast-Format für wiederverwendete Inhalte: Sie verpacken alte Blogbeiträge oder Artikel als Podcast, um deren Sichtbarkeit und Reichweite zu erhöhen.

- Ihr eigenes Podcast-Format: Erfinden Sie ein innovatives Format für Ihren eigenen Podcast, das ihn von der Masse abhebt und mehr Hörer anzieht.

Natürlich können Sie auch eine Mischung aus diesen Formaten verwenden, je nach Ihren Zielen und Ihrer Zielgruppe. Wenn Sie zum Beispiel Autorität in Ihrem Bereich aufbauen wollen, ist es vielleicht am besten, sich auf ein oder zwei bestimmte Themen zu konzentrieren, anstatt zu versuchen, zu viel auf einmal abzudecken. Oder wenn Sie eine stärkere Bindung zu Ihrem Publikum anstreben, dann können Q&A-Podcasts eine gute Möglichkeit sein, mit Ihrer Zielgruppe auf einer persönlicheren Ebene in Kontakt zu treten.

Unabhängig davon, für welche Form Sie sich entscheiden, können Podcasts ein äußerst effektives Content-Marketing-Instrument sein, um potenzielle Kunden anzusprechen und mit ihnen in Kontakt zu treten. Sie bieten eine intimere Erfahrung als andere Arten von Inhalten und tragen dazu bei, Vertrauen und Autorität aufzubauen, was für jedes Unternehmen, das seinen Kundenstamm vergrößern und den Umsatz steigern möchte, unerlässlich ist.

Wie produziert man einen Podcast?

Lassen Sie uns darüber sprechen, wie wir einen Podcast technisch produzieren können und welche Ausrüstung und Software wir für den Anfang benötigen.

Um einen Podcast zu produzieren, benötigen Sie einige grundlegende Geräte und Software. Zumindest benötigen Sie ein Mikrofon, um Ihre Stimme aufzunehmen und Ihre Inhalte aufzuzeichnen, sowie eine Aufnahme- oder Bearbeitungssoftware, um Ihre Audiodateien zu bearbeiten und abzumischen. Weitere nützliche Tools für die Podcast-Produktion sind Audioeffekt-Plugins, Software zur Rauschunterdrückung und ein Mischpult, mit dem Sie professionell klingende Audioinhalte erstellen können.

Ein gutes Mikrofon

Da es sich bei einem Podcast ausschließlich um ein audiobasiertes Medium handelt, spielt die Qualität Ihrer Aufnahme eine entscheidende Rolle für den Erfolg des Podcasts. Deshalb ist es wichtig, in ein gutes Mikrofon zu investieren, das Ihre Stimme präzise und klar einfangen kann. Es gibt viele verschiedene Arten von Mikrofonen auf dem Markt, darunter dynamische Mikrofone, Kondensatormikrofone, USB-Mikrofone und mehr. Wir haben im Kapitel Content Marketing auf YouTube bereits einen detaillierten Blick auf die Unterschiede geworfen.

Für einen Podcast würde ich Ihnen auf jeden Fall empfehlen, in ein Kondensatormikrofon zu investieren. Diese gibt es bereits für unter 100 € und sie liefern höchste Audioqualität. Stellen Sie sicher, dass Sie Ihren Podcast in einer guten Aufnahme-Umgebung produzieren. Mehr dazu in den folgenden Unterkapiteln.

Audio-Schnittstelle

Sobald Sie Ihr Mikrofon haben, besteht der nächste Schritt darin, es an Ihren Computer anzuschließen. Dazu benötigen Sie ein Audio-Interface, wie es zum Beispiel von Focusrite angeboten wird. Damit können Sie Ihr Mikrofon direkt an Ihren Computer anschließen und Audio in hoher Qualität aufnehmen. Es gibt verschiedene Arten von Audio-Interfaces. Auch hier ist es wichtig, dass Sie sich informieren und das für Ihre Bedürfnisse am besten geeignete finden.

Normalerweise reicht ein durchschnittliches Audio-Interface aus. Diese kosten ebenfalls selten mehr als 100 € und versorgen Kondensatormikrofone mit elektrischer Spannung, sodass diese funktionieren können.

Aufnahme-Software

Mit Kondensatormikrofon und angeschlossenen Audio-Interface, können Sie mit dem Aufnehmen und Bearbeiten Ihrer Inhalte beginnen. Es gibt viele verschiedene Aufnahme- und Bearbeitungssoftware wie Audacity oder GarageBand.

Mit diesen Tools können Sie Ihre Audioinhalte aufnehmen und bearbeiten, Soundeffekte oder Musik hinzufügen, um das Hörerlebnis zu verbessern, und sogar Ihre Podcast-Episoden online veröffentlichen. Schauen wir sie uns an:

- **Audacity:** Diese kostenlose und quelloffene Software wird aufgrund ihrer einfachen Benutzeroberfläche und ihrer leistungsstarken Funktionen von vielen Podcastern verwendet.

- **Garageband:** Diese Apple-spezifische Software ist einfach zu bedienen, aber nur auf Mac-Computern verfügbar.

- **Adobe Audition:** Adobe Audition ist Teil der Adobe Creative Cloud Suite und ermöglicht es Ihnen, Ihre Podcast-Episoden einfach aufzunehmen, zu bearbeiten und abzumischen.

- **Hindenburg:** Diese Software wurde speziell für Radiojournalisten entwickelt und hilft Ihnen, saubere

Audiodateien zu erstellen, die auf allen Geräten gut klingen.

Multitracker

Wenn Sie sich mit einem echten Gerät, das Ihre Podcasts aufnimmt, wohler fühlen, können Sie auf sogenannte Mehrspur Kompaktstudios zurückgreifen. Dabei handelt es sich im Wesentlichen um tragbare Musikstudios - und keine Sorge, sie sind nicht halb so teuer, wie Sie denken. Günstige wie die BOSS BR Serie beginnen bei 200 € und professionelle wie die Rode Rodecaster Serie kosten zwischen 700 € und 1000 €.

Das Schöne an ihnen ist ihre Benutzerfreundlichkeit. Sie schließen einfach Ihr Mikrofon an, klicken auf Aufnahme und das war's. Die meisten dieser Geräte bieten Ihnen tolle Effekte, wie z.B. die richtigen Einstellungen für einen Kompressor und Equalizer, Mastering-Effekte, und bei einigen können Sie sogar Jingles, Geräusche und Hintergrundmusik speichern, die Sie dann während der Podcast-Aufnahme flexibel abspielen können, um für etwas Spaß und Abwechslung zu sorgen.

Was mir an diesen Geräten am besten gefällt, ist, dass sie Sie unabhängig von Ihrem Computer machen. Weder brauchen Sie einen schnellen PC für die Aufnahme, noch müssen Sie in ein separates Audio-Interface investieren und dann einen Ort suchen, der ruhig genug ist. Stattdessen können Sie den Multitracker einfach an den Ort mitnehmen, an dem Sie aufnehmen möchten - und das kann aufgrund der guten Akustik durchaus Ihr Kleiderschrank sein.

Wie Sie eine trockene Aufnahme erhalten

Einer der wichtigsten Faktoren bei der Aufnahme Ihres Podcasts ist ein gutes, trockenes Audiosignal. Das bedeutet, dass Sie Ihr Mikrofon an einer Stelle aufstellen müssen, an der es wenig oder gar keine Hintergrundgeräusche oder Echos gibt. Einige einfache Tipps, um dies zu erreichen, sind:

- Platzieren Sie Ihr Mikrofon so nah wie möglich an der Schallquelle, z.B. an einer sprechenden Person.

- Verwenden Sie einen Poppfilter, um Poppgeräusche zu reduzieren, die auftreten können, wenn Sie in das Mikrofon sprechen.

- Schalten Sie Ventilatoren, Klimaanlagen und andere Hintergrundgeräusche aus, indem Sie eine Rauschunterdrückungsfunktion in Ihrer Aufnahmesoftware verwenden.

- Nehmen Sie in einem Raum auf, der ausreichend gefüllt ist. Dies kann dazu beitragen, Echos im Raum zu dämpfen.

- Wenn das alles nicht hilft, stellen Sie das Mikrofon in einen Schrank, der voller Kleider ist, und nehmen Sie dort auf.

Es gibt auch eine tragbare Gesangskabine wie die t.akustik Vocal Head Booth oder die Isovox Mobile Vocal Booth. Diese kosten zwischen 400 € und 1000 € und gewährleisten eine professionelle Aufnahme in Studioqualität.

Wenn Sie diese einfachen Tipps befolgen, können Sie mühelos hochwertige Podcast-Episoden erstellen, die dazu beitragen, Vertrauen und Engagement bei Ihrer Zielgruppe zu schaffen. Ganz gleich, ob Sie für Ihre Produkte werben oder Ihr Wissen und Ihre Erfahrung weitergeben möchten, ein Podcast ist ein effektives Instrument für das Content Marketing. Warum probieren Sie es also nicht noch heute aus?

Editieren

Unabhängig davon, ob Sie einen Multitracker verwenden oder direkt auf Ihrem Computer aufnehmen, ist es wahrscheinlich, dass Sie Ihre Podcast-Episoden bearbeiten müssen, um sie genau richtig hinzukriegen. An dieser Stelle kommen Bearbeitungsprogramme wie Audacity, Reaper und Adobe Audition ins Spiel. Mit diesen Programmen können Sie die

Tonqualität Ihrer Podcasts feinabstimmen, unerwünschte Abschnitte herausschneiden, Soundeffekte oder Musik einfügen und vieles mehr.

Was Sie herausschneiden sollten:

- Lange Pausen oder stille Abschnitte
- Ungeklärte Hintergrundgeräusche oder andere Ablenkungen
- Abschnitte in Interviews, in denen es keinen natürlichen Fluss gibt oder die zu weit vom Thema abschweifen
- Ähms, Uhms
- Schmatzgeräusche, etc.

Veröffentlichen Ihres Podcasts

Sobald Sie die Bearbeitung Ihrer Podcast-Episoden abgeschlossen haben, können Sie damit beginnen, sie online zu veröffentlichen und zu bewerben. Es gibt viele verschiedene Plattformen und Tools, die Ihnen dabei helfen, Ihre Inhalte einem breiteren Publikum zugänglich zu machen. Einige der beliebtesten Optionen sind:

- **iTunes / Apple Podcasts:** Dies ist eine der beliebtesten Plattformen für die Veröffentlichung und den Austausch von Podcasts, da sie sowohl von Hörern als auch von

Podcastern gleichermaßen genutzt wird.

- **Soundcloud:** Mit über 150 Millionen Nutzern ist Soundcloud eine weitere gute Option, um ein breites Publikum zu erreichen.

- **Spotify:** Mit über 200 Millionen Nutzern, Tendenz steigend, ist Spotify eine weitere großartige Plattform für die Bereitstellung Ihrer Podcasts.

Podcast hochladen

Es mag Sie überraschen, dass die meisten Podcast Plattformen normalerweise keine Podcasts hosten. Stattdessen handelt es sich lediglich um Verzeichnisse, die Ihren Podcast anzeigen – und diesen auch abspielen. Aber gehostet wird er von Ihnen selbst. Was Sie also brauchen, ist ein Podcast-Hosting-Service. Schauen wir uns an, was diese für Sie tun und welche die bekanntesten Anbieter sind:

- **Buzzsprout:** Dies ist einer der beliebtesten Podcast-Hosting-Dienste und bietet eine breite Palette nützlicher Funktionen, darunter Analysen, automatisches Tagging, Speicherplatz für Ihre Inhalte und vieles mehr. Es gibt sogar einen kostenlosen Plan, so dass Sie risikofrei starten können.

- **Podbean:** Mit über 40 Millionen Nutzern ist Podbean eine benutzerfreundliche Plattform, die eine Reihe von Hosting- und Vertriebsplänen anbietet. Es gibt auch ein kostenloses Angebot für den Anfang, so dass es eine gute Wahl ist, wenn Sie gerade erst anfangen.

- **Captivate.fm:** Mit seiner einfachen und benutzerfreundlichen Oberfläche ist Captivate einer der beliebtesten Podcast-Hosting-Dienste auf dem Markt.

- **Libsyn:** Libsyn ist ein beliebter Podcast-Hosting-Dienst, der eine Reihe von Tools für die Verwaltung und Verbreitung Ihrer Inhalte bietet.

- **Blubrry:** Eine weitere beliebte Option: Blubrry bietet Hosting-Dienste sowie ein umfangreiches Verzeichnis von Podcasts auf seiner Website.

Wie immer sollten Sie sich ein wenig Zeit nehmen, um die Angebote, Preise usw. zu prüfen. Ich kann in diesem Buch keine Details zu Kosten, Leistungspaketen, etc auflisten, da sie in einem Jahr vielleicht schon wieder veraltet sind und das nicht ideal wäre. Letztendlich wollen Sie einen zuverlässigen Anbieter, der es Ihnen ermöglicht, zu einem erschwinglichen Preis zu wachsen.

Um Ihren Podcast auf diese Plattformen hochzuladen, müssen Sie in der Regel zunächst ein Konto bei dem Host-Service einrichten.

Dann können Sie einfach den Anweisungen der jeweiligen Plattform folgen, um Ihren Podcast-Feed hinzuzufügen und mit der Veröffentlichung und Bewerbung Ihrer Inhalte zu beginnen. Bei einigen Plattformen müssen Sie möglicherweise einen Überprüfungsprozess durchlaufen, bevor Ihr Podcast veröffentlicht wird.

Die genauen Schritte, die Sie unternehmen müssen, hängen jedoch von der jeweiligen Plattform ab. Daher ist es wichtig, dass Sie die Anweisungen und Richtlinien sorgfältig lesen, um Ihren Podcast auf jeder Plattform erfolgreich zu veröffentlichen. Im Allgemeinen müssen Sie jedoch einige grundlegende Informationen über Ihren Podcast hinzufügen, z. B. einen Titel und eine Beschreibung. Möglicherweise werden Sie auch aufgefordert, bestimmte Tags oder Schlüsselwörter hinzuzufügen, die den Nutzern helfen, Ihre Inhalte zu finden.

Wie oft sollten Sie veröffentlichen?

Es gibt keine "richtige" Antwort auf diese Frage, denn die Häufigkeit, mit der Sie Ihren Podcast veröffentlichen, hängt von einer Reihe verschiedener Faktoren ab. Wenn Sie zum Beispiel gerade erst anfangen, ist es vielleicht eine gute Idee, mit einem begrenzten Veröffentlichungsrhythmus zu beginnen - vielleicht ein- oder zweimal pro Monat - und dann die Häufigkeit mit der Zeit zu erhöhen, wenn Ihr Publikum wächst.

Alternativ können Sie sich auch die Veröffentlichungszeiten anderer erfolgreicher Podcasts in Ihrer Nische ansehen, um eine Vorstellung davon zu bekommen, was dort am besten funktioniert. Es ist jedoch wichtig, dass Sie Ihre eigenen Ziele und Fähigkeiten realistisch einschätzen, also versuchen Sie, sich nicht zu viel zuzumuten. Scheuen Sie sich aber auch nicht, mit Ihrem Veröffentlichungszeitplan zu experimentieren und herauszufinden, was für Sie am besten funktioniert.

Insgesamt geht es darum, sicherzustellen, dass Sie kontinuierlich hochwertige Inhalte veröffentlichen, die bei Ihrem Publikum gut ankommen. Das bedeutet, dass Sie auf Ihr Feedback hören und Ihren Ansatz bei Bedarf anpassen müssen, um mit der Zeit mehr Zuhörer zu gewinnen. Möglicherweise müssen Sie auch mit verschiedenen Formaten, Längen und so weiter experimentieren, um herauszufinden, was für Ihre Inhalte am besten funktioniert.

Evergreen Inhalte versus Aktualität

Auf diese Frage gibt es keine richtige oder falsche Antwort, da die Art der Inhalte, die Sie produzieren, von einer Reihe verschiedener Faktoren abhängt. Im Allgemeinen entscheiden sich die meisten Podcaster jedoch für einen Evergreen Ansatz, da dies dazu beiträgt, dass Ihre Inhalte immer relevant und nützlich für Ihr Publikum sind.

Sie könnten Ihren Podcast beispielsweise in Serien mit 6 Episoden strukturieren und dann ein Thema aus Ihrem Bereich umfassend behandeln. Auf diese Weise können die Leute die Serien finden, die sie am meisten interessieren. Ähnlich wie bei einem Hörbuch, nur kostenlos und weniger "steif". Einige Beispiele könnten sein:

- Die Serie "Die Grundlagen des Content Marketing": ein umfassender Leitfaden zu den Grundlagen des Content Marketing, der sich an Anfänger und Neulinge in diesem Bereich richtet.

- Die Serie "Fortgeschrittene Content Marketing Strategien": ein fortgeschrittener Blick auf verschiedene Taktiken und Techniken für die effektive Nutzung von Inhalten zur Vermarktung Ihrer Produkte oder Dienstleistungen.

- Die Serie "Fallstudien zum Content Marketing": ein Blick auf Beispiele aus der Praxis, wie Content Marketing für Unternehmen und Organisationen zu Ergebnissen geführt hat.

Oder im Fall eines Zahnarztes:

- Die Serie "Grundlegende Zahnhygiene": eine Schritt-für-Schritt-Anleitung zu den Grundlagen der Mundpflege, vom Zähneputzen bis zur Verwendung von Zahnseide und regelmäßigen Kontrolluntersuchungen.

- Die Serie "Fortgeschrittene Zahnhygienetechniken": fortgeschrittene Tipps und Tricks, um Ihre Zähne gesund und stark zu halten, wie die Verwendung spezieller Mundspülungen und Pflege bei Zahnimplantaten etc.

- Die "Fallstudien zur Zahnhygiene": Beispiele aus der Praxis, die zeigen, wie verschiedene Techniken, Produkte und Dienstleistungen Menschen geholfen haben, ihre Zähne über Jahre hinweg gesund zu erhalten.

Ein Web-Designer:

- Die Serie "Einführung in das Webdesign": ein Überblick über die Grundlagen des Webdesigns, von der Auswahl eines Layouts bis zur Entwicklung einer benutzerfreundlichen Navigation.

- Die Serie "Fortgeschrittene Webdesign-Techniken": fortgeschrittene Tipps und Tricks für die Erstellung visuell ansprechender und funktionaler Websites, z. B. die Verwendung von Multimedia-Elementen wie Bildern, Videos und Animationen.

- Die Serie "Webdesign-Fallstudien": Beispiele aus der Praxis, die zeigen, wie verschiedene Techniken, Stile und Trends Unternehmen geholfen haben, visuell beeindruckende und benutzerfreundliche Websites zu erstellen.

Ein Anwalt:

- Die Serie "Einführung in das Rechtssystem": ein Überblick über die Grundlagen des Rechts und des Justizsystems, einschließlich Schlüsselbegriffe wie ordnungsgemäßes Verfahren und Strafrecht vs. Zivilrecht.

- Die Serie "Fortgeschrittene Rechtsthemen": ein vertiefter Blick auf bestimmte Bereiche des Rechtswesens, wie Vertragsrecht, Gesellschaftsrecht und Nachlassplanung.

- Die Serie "Juristische Fallstudien": Beispiele aus der Praxis, die zeigen, wie verschiedene juristische Techniken, Strategien und Ansätze Unternehmen dabei geholfen haben, knifflige juristische Fragen erfolgreich zu bewältigen.

Sie verstehen, was gemeint ist: Als Hörer weiß ich, wo ich anfangen muss, wenn ich meine Wissensreise beginnen möchte, und - wenn die Serie gut gemacht ist - werde ich sie mir sicher komplett anhören. Wenn ich mit der ersten Serie fertig bin, bin ich wahrscheinlich geneigt, mir auch die weiterführende Serie anzuhören usw.

Vielleicht noch ein letzter Gedanke zu diesem Thema: Wenn Sie sich für Evergreen Inhalte in Ihrem Podcast entscheiden, stellen Sie sicher, dass sie gut sind. Wenn Sie eine Serie mit einer bestimmten Anzahl von Episoden erstellen, die "evergreen" ist und auch in 5 Jahren noch aktuell sein wird, können Sie ein wenig Geld in die Produktion investieren. Hier könnten Sie wirklich darüber nachdenken, einige professionelle Sprecher zu bezahlen, um für Abwechslung in der Produktion zu sorgen, professionelle Soundeffekte und einen Musiktrack einzurichten und Elemente des Geschichtenerzählens zu verwenden, um die Serie wirklich von der Masse abzuheben.

Ob Sie sich jedoch für einen Evergreen Ansatz entscheiden oder lieber aktuelle Themen behandeln, bleibt ganz Ihnen überlassen. Sie können auch einfach nur die Nachrichten kommentieren und Ihre Einsichten z.B. aus juristischer Sicht zu den neuesten Gerüchten und Fällen darlegen, die sich ergeben. Das wird die Leute sicherlich unterhalten und wenn sie in Zukunft an einen kompetenten Anwalt denken, raten Sie mal, bei wem sie anrufen werden?

Letztendlich hängt alles von Ihren Zielen und Prioritäten als Podcaster ab. Denken Sie einfach daran, dass es darauf ankommt, konsequent zu sein, sich auf Ihr Publikum einzulassen und großartige Inhalte zu produzieren - und schon sind Sie auf dem besten Weg zu einem erfolgreichen Podcast!

Inhalte vorproduzieren

Es ist wichtig, bei der Veröffentlichung eines Podcasts konsequent zu sein. Dazu ist es eine gute Idee, die Inhalte im Voraus zu produzieren. Das bedeutet, dass Sie sich Gedanken über die Themen machen, die Sie in den kommenden Wochen oder Monaten behandeln möchten, und Inhalte erstellen, die zu diesen Themen passen.

Wer im Voraus produziert, wird nie Probleme bekommen, wenn er wider Erwarten mal keine Zeit hat, einen Podcast zu produzieren. Es ist also grundsätzlich immer eine gute Idee, einige fertige Evergreen-Podcasts in Ihrer Schublade zu haben, die Sie bei Bedarf veröffentlichen können. Stellen Sie sich vor, Sie haben einen leichten Unfall, der es Ihnen unmöglich macht, eine Zeit lang am Mikrofon zu sprechen. Oder Sie haben einfach keine Lust, etwas aufzunehmen.

Außerdem können Sie solche Folgen auch immer nutzen, wenn Sie eventuell beschließen, mal spontan in den Urlaub zu fahren. In all diesen Fällen zahlt es sich aus, einige Ausweich-Podcasts zur Verfügung zu haben.

Vergessen Sie den CTA nicht

Wie bei all Ihren Bemühungen im Bereich Content Marketing machen Sie auch Ihren Podcast nicht zum Spaß. Sie produzieren ihn, um die Zuhörer auf einen bestimmten Weg der Konversion zu führen. Stellen Sie also sicher, dass Sie am Ende oder Beginn jedes Podcasts eine Aufforderung zum Handeln einfügen, z. B. Links zu Ihrer Website oder Ihren Profilen in den sozialen Medien, die Aufforderung an die Hörer, Sie zu abonnieren und Ihnen zu folgen, oder spezielle Angebote, die nur über Ihren Podcast zugänglich sind (z. B. Rabatte auf Ihre Produkte oder

Dienstleistungen). Laden Sie Ihr Publikum ein, sich in Ihre E-Mail-Liste einzutragen, und bitten Sie zumindest um eine gute Bewertung auf den verschiedenen Podcast-Plattformen.

Neben einem Instrument zum Content Marketing kann ein Podcast auch zu einem einträglichen Nebenverdienst werden. Einige Menschen haben es sogar geschafft, komplett vom Podcasting zu leben. Das kann über Sponsoring und Werbung geschehen oder über Crowd Support wie Patreon, wo Hörer den Podcast finanziell unterstützen können. Diese Strategie ist etwas fortgeschrittener, aber wenn Sie Ihren Podcast auf die nächste Stufe bringen wollen, könnte dies eine Option für Sie sein! Wer würde sich nicht gerne eine neue Einnahmequelle erschließen?

Insgesamt kann Podcasting ein sehr effektiver Weg sein, um mit potenziellen Kunden und Klienten über ein intimes, persönliches Medium in Kontakt zu treten. Ganz gleich, ob Sie gerade erst mit dem Podcasting beginnen oder ob Sie ein erfahrener Podcaster sind, der seine Inhalte auf die nächste Stufe heben möchte, denken Sie daran, konsequent zu sein, sich auf Ihr Publikum einzulassen und gute Inhalte zu produzieren. Wenn Sie diese Tipps beherzigen, sind Sie auf dem besten Weg zu einem erfolgreichen Podcast!

Content Marketing auf Facebook

Mit Facebook können Sie eine Vielzahl verschiedener Tools und Strategien nutzen, um neue Zielgruppen zu erreichen, Ihre Marke bekannt zu machen und Besucher auf Ihre Website zu leiten. Ganz gleich, ob Sie das Engagement auf Ihrer Seite erhöhen oder Ihre Follower einfach nur über die neuesten Nachrichten aus Ihrem Unternehmen auf dem Laufenden halten möchten, Facebook bietet eine Vielzahl von Möglichkeiten, Ihre Inhalte zu bewerben und mit Ihrer Zielgruppe in Kontakt zu treten. In diesem Kapitel werden wir uns die verschiedenen Möglichkeiten ansehen, wie Sie Facebook als Instrument für das Content Marketing nutzen können, einschließlich der Erstellung ansprechender Beiträge, der Schaltung gezielter Anzeigen und der Optimierung Ihrer Website für die gemeinsame Nutzung in sozialen Netzwerken.

Ein leistungsstarkes Tool

Einige Fakten über Facebook, die es zu einem leistungsstarken Tool für das Content Marketing machen, sind:

- Facebook ist mit über 2 Milliarden Nutzern weltweit eine der am meisten genutzten Social Media-Plattformen.
- Indem Sie ansprechende Beiträge erstellen und gezielte Anzeigen auf Facebook schalten, können Sie die

Bekanntheit Ihrer Marke steigern und den Traffic auf Ihre Website erhöhen.
- Auf Facebook gibt es eine Reihe verschiedener Hilfsmittel, mit denen Sie Ihre Inhalte für die Weitergabe in sozialen Netzwerken optimieren können, z.B. die Schaltfläche "Teilen" und das Facebook-Tool "Einblicke in die Zielgruppe".

Wenn Sie mehr darüber erfahren möchten, wie Sie Facebook als Content-Marketing-Tool nutzen können, dann ist dies das richtige Kapitel für Sie. In unserem Leitfaden gehen wir auf alles ein, von der Erstellung ansprechender Beiträge und der Schaltung gezielter Anzeigen auf Facebook bis hin zur Optimierung Ihrer Website für das Teilen in sozialen Netzwerken, damit Sie diese leistungsstarke Social Media-Plattform nutzen können, um neue Zielgruppen zu erreichen und mit Ihrer Zielgruppe in Kontakt zu treten. Fangen wir an!

Wie Sie Ihr Facebook for Business-Konto einrichten

1. Um mit Facebook für Unternehmen zu beginnen, müssen Sie zunächst ein Konto auf der Plattform einrichten. Gehen Sie einfach auf www.Facebook.com/business und klicken Sie auf die Schaltfläche "Konto erstellen" in der oberen rechten Ecke der Seite.

2. Als Nächstes werden Sie aufgefordert, einige grundlegende Informationen über Ihr Unternehmen einzugeben, z.B. Ihren Firmennamen, die URL Ihrer Website und Ihre Branche.

3. Sobald Sie diese Informationen ausgefüllt haben, klicken Sie unten auf der Seite auf die Schaltfläche "Konto erstellen", um den Einrichtungsprozess abzuschließen und Facebook for Business zu nutzen, um Ihre Inhalte zu bewerben und mit potenziellen Kunden in Kontakt zu treten.

4. Um mit Facebook für Unternehmen zu starten, müssen Sie zunächst Ihre Seite einrichten, indem Sie ein paar einfache Schritte befolgen. Zunächst müssen Sie einige grundlegende Informationen über Ihr Unternehmen eingeben, darunter Ihren Firmennamen, die URL Ihrer Website und Ihre Branche.

5. Als nächstes können Sie damit beginnen, Fotos hochzuladen und Beiträge auf Ihrer Seite zu erstellen, um mit potenziellen Kunden in Kontakt zu treten und eine Fangemeinde aufzubauen. Sie können auch Facebook-Anzeigen schalten, um Ihre Inhalte zu bewerben und neue Zielgruppen zu erreichen. Außerdem können Sie das Audience Insights Tool nutzen, um mehr

über Ihre Zielgruppe zu erfahren und Ihre Inhalte für das soziale Teilen zu optimieren.

Ganz gleich, ob Sie ein Kleinunternehmer sind, der gerade erst mit Facebook-Marketing anfängt, oder ein erfahrener Profi, der seine Content-Marketing-Bemühungen auf die nächste Stufe heben möchte - Facebook kann Ihnen helfen, Ihre Marketingziele zu erreichen. Mit seiner großen Reichweite und einer Vielzahl von Tools und Funktionen ist Facebook heute eine der leistungsfähigsten Social Media-Plattformen für Content Marketing. Erkunden Sie also alles, was Facebook zu bieten hat, und werden Sie kreativ mit Ihren Inhalten, um großartige Ergebnisse zu erzielen!

Erreichen Sie neue Zielgruppen

Um erfolgreich neue Zielgruppen zu erreichen und mit Ihrer Zielgruppe auf Facebook in Kontakt zu treten, ist es wichtig, ansprechende Beiträge zu erstellen, die auf Ihr spezielles Publikum zugeschnitten sind. Sie können auch gezielte Werbeanzeigen auf Facebook schalten, um bestimmte demografische Gruppen anzusprechen und Ihre Inhalte für ein bestimmtes Publikum zu bewerben.

Darüber hinaus können Sie Tools wie die Schaltfläche "Teilen" und Facebook Zielgruppeneinblicke nutzen, um Ihre Inhalte für das Teilen in sozialen Netzwerken zu optimieren und so die Reichweite und das Engagement Ihrer Beiträge zu erhöhen. Mit den richtigen Strategien und Techniken können Sie Facebook zu einem leistungsstarken Instrument machen, um Ihre Marke zu vergrößern und neue Kunden online zu erreichen.

Erstellen Sie ansprechende Beiträge, schalten Sie gezielte Anzeigen und optimieren Sie Ihre Website für das Teilen in sozialen Netzwerken, um Facebook als Content-Marketing-Tool zu nutzen. Mit diesen Strategien können Sie mit Ihrer Zielgruppe in Kontakt treten und Markenbekanntheit aufbauen, Besucher auf Ihre Website leiten und das Engagement in den sozialen Medien erhöhen. Worauf warten Sie also noch? Fangen Sie noch heute mit Facebook an!

Worauf Sie achten sollten

Als Content-Vermarkter auf Facebook ist es wichtig, dass Sie die neuesten Trends und Veränderungen in der Social Media-Landschaft im Auge behalten. Sie sollten zum Beispiel auf Algorithmusänderungen achten, die Ihre Reichweite beeinträchtigen oder die Sichtbarkeit Ihrer Beiträge verringern könnten. Außerdem ist es wichtig, sich über neue Funktionen und Tools auf dem Laufenden zu halten, mit denen Sie neue Zielgruppen erreichen und die Effektivität Ihrer Facebook-Marketingbemühungen verbessern können. Und schließlich ist es wichtig, sich über mögliche Fallstricke oder häufige Fehler bewusst zu sein, die Vermarkter von Inhalten auf Facebook machen, damit Sie diese vermeiden und Ihren Erfolg auf der Plattform maximieren können.

Letzten Endes ist es für Content-Marketer unerlässlich, über die neuesten Trends, Funktionen und bewährten Verfahren auf Facebook auf dem Laufenden zu bleiben. Ganz gleich, ob Sie gerade erst mit dem Facebook-Marketing beginnen oder Ihre Content-Marketing-Bemühungen auf die nächste Stufe heben wollen, es ist wichtig, dass Sie über alle aktuellen Entwicklungen auf dem Laufenden bleiben, um erfolgreich neue Zielgruppen zu erreichen und Ihre Marke online auszubauen. Gehen Sie also hinaus und entdecken Sie alles, was Facebook zu bieten hat!

Mit seiner großen Reichweite und einer Vielzahl von Tools und Funktionen ist Facebook heute eine der leistungsfähigsten Social Media-Plattformen für Content Marketing. Erkunden Sie also alles, was Facebook zu bieten hat, und werden Sie kreativ mit Ihren Inhalten, um großartige Ergebnisse zu erzielen!

Das Beste rausholen

1. Verfolgen Sie die neuesten Trends und Veränderungen in der Social Media- Landschaft, wie zum Beispiel Algorithmus-Updates und neue Funktionen. So können

Sie der Zeit voraus sein und Ihre Inhalte für den Erfolg auf Facebook optimieren.

2. Halten Sie sich über Tools und Techniken auf dem Laufenden, die Ihnen dabei helfen, neue Zielgruppen zu erreichen und die Effektivität Ihrer Content Marketing Bemühungen zu verbessern. Informieren Sie sich zum Beispiel über Funktionen wie die Schaltfläche "Teilen" und die Facebook-Zuschauerdaten, um mehr über Ihre Zielgruppe zu erfahren und Ihre Beiträge für das Teilen in sozialen Netzwerken zu optimieren.

3. Vermeiden Sie häufige Fallstricke oder Fehler, die Vermarkter von Inhalten auf Facebook begehen, wie z.B. schlechtes Targeting oder mangelndes Engagement bei den Followern.

Content Marketing auf Instagram

Instagram ist bei Vermarktern eine beliebte Social Media-Plattform. Das gilt für jede Marke, die die App nutzt - ob zu Marketingzwecken oder einfach nur, um persönliche Updates mit ihren Freunden, ihrer Familie und anderen Followern zu teilen.

Aber was macht Instagram-Marketing so effektiv? Und wie können Sie das Beste aus der App für Ihr eigenes Content Marketing herausholen? In diesem Kapitel werden wir die vielen verschiedenen Aspekte des Instagram-Inhaltsmarketings untersuchen.

Wie man Instagram für Content Marketing nutzt

Eines der Schlüsselelemente des Content Marketings auf Instagram ist das Verständnis dafür, wie Sie die einzigartigen Funktionen und die Oberfläche der App zu Ihren Gunsten nutzen können. Die meisten Menschen wissen zum Beispiel, dass Sie Fotos oder Videos auf Instagram posten können. Aber viele Vermarkter wissen nicht, dass sie auch mehrere Posts gleichzeitig hochladen können, was ihnen helfen kann, einen stetigen Strom von Inhalten für ihr Publikum zu erstellen.

Darüber hinaus ist Instagram für seinen algorithmusgesteuerten Feed bekannt. Das bedeutet, dass Ihre Beiträge auf der Grundlage verschiedener Faktoren wie Engagement und Aktualität eingestuft werden. Daher ist es wichtig, dass Sie ansprechende Inhalte erstellen, die die Menschen dazu bringen, Ihre Beiträge zu mögen und zu kommentieren. Dies kann dazu beitragen, dass Ihre Beiträge ganz oben in den Feeds erscheinen und mehr Menschen sie sehen können.

Ein weiteres Schlüsselelement des Instagram-Inhaltsmarketings ist der Ausbau Ihrer Followerschaft. Schließlich ist einer der Hauptgründe, warum Marken Instagram nutzen, dass sie eine starke Fangemeinde aufbauen wollen - die dann für die Bewerbung von Produkten, die Steigerung des Markenbewusstseins oder für jedes andere Marketingziel genutzt werden kann. Glücklicherweise gibt es verschiedene Taktiken, die Sie anwenden können, um eine große Fangemeinde auf Instagram aufzubauen.

Viele Marken arbeiten beispielsweise mit Influencern und Mikro-Influencern zusammen, die eine starke Präsenz auf der Plattform haben. Dadurch können sie neue Zielgruppen erreichen und Vertrauen und Glaubwürdigkeit bei potenziellen Kunden aufbauen. Es ist auch wichtig, regelmäßig zu posten, damit die Leute wissen, wann sie neue Inhalte von Ihnen erwarten können.

Um Instagram-Marketing zu meistern, braucht man Zeit, Engagement und die Bereitschaft, mit verschiedenen Strategien zu experimentieren. Aber wenn Sie strategisch vorgehen und sich über die neuesten Trends auf dem Laufenden halten, können Sie Instagram zweifellos nutzen, um Ihre Marketingziele zu erreichen.

Die Macht von Instagram für Unternehmen

Instagram ist eine der am schnellsten wachsenden Social Media-Plattformen der Welt und hat sich zu einem leistungsstarken Instrument für Unternehmen entwickelt, die ihre Reichweite erhöhen und mit potenziellen Kunden in Kontakt treten möchten. Ganz gleich, ob Sie ein Produkt verkaufen oder für Ihre Marke werben, Instagram bietet zahlreiche Vorteile, mit denen Sie Ihre Marketingziele erreichen können.

Einer der Hauptvorteile der geschäftlichen Nutzung von Instagram ist, dass es sich um eine unglaublich visuelle Plattform handelt. Die Menschen fühlen sich von Bildern angezogen und sind viel eher bereit, sich mit Beiträgen zu beschäftigen, die überzeugende Bilder enthalten. Das bedeutet, dass Sie hochwertige Fotos und Videos auf Ihrem Konto posten können, um neue Follower zu gewinnen und die Menschen für Ihre Produkte oder Ihre Marke zu begeistern.

Ein weiterer wichtiger Vorteil von Instagram für Unternehmen besteht darin, dass Sie Beziehungen zu Ihrem Publikum aufbauen können. Im Gegensatz zu anderen Social-Media-Plattformen, bei denen sich die Interaktionen oft auf Kommentare und Nachrichten beschränken, können Sie bei Instagram über den Kommentarbereich mit einzelnen Nutzern interagieren. Das bedeutet, dass Sie direkt mit Ihren Kunden in Kontakt treten können - sei es, um auf ihre Fragen einzugehen oder ihnen einfach für ihre Unterstützung zu danken.

Darüber hinaus bietet Instagram verschiedene Werbeoptionen für Unternehmen jeder Größe. Wenn Sie Ihre Beiträge verstärken oder Anzeigen auf der Plattform schalten, können Sie neue Zielgruppen erreichen und Menschen ansprechen, die vielleicht noch nichts von Ihrem Unternehmen gehört haben.

Ganz gleich, welche Art von Unternehmen Sie führen, es besteht kein Zweifel, dass Instagram Ihnen helfen kann, Ihre Marketingziele zu erreichen. Indem Sie hochwertige, ansprechende Inhalte posten und Beziehungen zu Ihrem Publikum aufbauen, können Sie diese leistungsstarke Plattform nutzen, um neue Kunden zu erreichen, Ihre Markenbekanntheit zu steigern und den Absatz zu fördern.

Wenn Sie also Ihr Unternehmen auf Instagram vermarkten möchten, sollten Sie einige Tipps beachten:

1. Konzentrieren Sie sich auf die Erstellung hochwertiger, ansprechender Inhalte. Dies ist vielleicht das wichtigste Element des Instagram-Marketings, da die Menschen sich viel eher mit Beiträgen beschäftigen, die interessant und visuell ansprechend sind. Experimentieren Sie mit verschiedenen Arten von Inhalten, wie Bildern, Videos, Infografiken und Stories, um herauszufinden, was bei Ihrem Publikum am besten ankommt.

2. Bauen Sie Beziehungen zu anderen Nutzern auf der Plattform auf, indem Sie sich mit deren Beiträgen auseinandersetzen und sie kommentieren. Das hilft Ihnen nicht nur dabei, eine Fangemeinde aufzubauen, sondern kann Ihnen auch helfen, neue Zielgruppen zu erreichen, die Ihre Marke noch nicht kennen.

3. Nutzen Sie die vielen Werbeoptionen, die auf Instagram zur Verfügung stehen. Ganz gleich, ob Sie Anzeigen schalten möchten, um eine bestimmte Kampagne zu fördern, oder ob Sie Ihre Posts verstärken möchten, um ein breiteres Publikum zu erreichen - es gibt zahlreiche Möglichkeiten, auf der Plattform zu werben, die zum Wachstum Ihres Unternehmens beitragen können.

4. Bleiben Sie auf dem Laufenden über die neuesten Trends und Best Practices auf Instagram, um Ihre Marketingbemühungen kontinuierlich zu verbessern und

Ihre Ziele zu erreichen. Ob Sie nun mit neuen Arten von Inhalten experimentieren oder neue Werbetechniken ausprobieren, es gibt immer Möglichkeiten, sich zu verbessern und mehr Menschen auf dieser leistungsstarken Plattform zu erreichen.

Wenn Sie also Ihr Unternehmen auf Instagram vermarkten möchten, sollten Sie sich darauf konzentrieren, hochwertige Inhalte zu erstellen, Beziehungen zu Ihren Followern aufzubauen und die vielen Werbeoptionen der Plattform zu nutzen. Mit diesen Tipps können Sie Instagram nutzen, um neue Kunden zu erreichen, Ihren Bekanntheitsgrad zu erhöhen und den Umsatz Ihres Unternehmens zu steigern.

Follower auf Instagram erhöhen

Werfen wir nun einen Blick darauf, wie der Algorithmus auf Instagram funktioniert. Im Gegensatz zu anderen Social Media-Plattformen, auf denen die Beiträge in chronologischer Reihenfolge angezeigt werden, verwendet Instagram einen Algorithmus, um zu bestimmen, welche Beiträge die Nutzer in ihrem Feed sehen. Dieser Algorithmus berücksichtigt verschiedene Faktoren, z.B. wie oft Sie mit dem Ersteller des Inhalts interagieren und wie lange ein Beitrag bereits in Ihrem Feed zu sehen ist.

Um mehr Follower auf Instagram zu bekommen, können Sie verschiedene Dinge tun. Eine wichtige Strategie besteht darin, qualitativ hochwertige, visuell ansprechende Beiträge zu veröffentlichen, die Ihr Publikum ansprechen und zur Interaktion mit Ihren Inhalten anregen. Eine weitere wichtige Strategie besteht darin, sich konsequent mit anderen Nutzern auf der Plattform auszutauschen, indem Sie deren Beiträge liken, kommentieren und teilen.

Außerdem können Sie die Werbeoptionen von Instagram nutzen, um Ihre Marke zu bewerben und neue Kunden zu erreichen. Ganz gleich, ob Sie Anzeigen für eine bestimmte Kampagne schalten oder Posts verstärken möchten, um ein breiteres Publikum zu erreichen - es gibt zahlreiche Möglichkeiten, Ihre Inhalte zu bewerben und Ihre Anhängerschaft auf der Plattform zu vergrößern.

Und schließlich ist es wichtig, dass Sie über die neuesten Trends und bewährten Methoden auf Instagram auf dem Laufenden bleiben, damit Sie Ihre Strategie weiter verbessern und mehr Follower gewinnen können. Mit diesen Tipps können Sie Instagram nutzen, um Ihre Marke aufzubauen, neue Kunden zu erreichen und den Umsatz Ihres Unternehmens zu steigern.

Ansprechende Inhalte für Instagram erstellen

Wenn Sie Ihr Unternehmen auf Instagram vermarkten möchten, sollten Sie sich vor allem darauf konzentrieren, attraktive Inhalte zu erstellen, die Ihre Follower ansprechen und sie zur Interaktion mit Ihrer Marke anregen. Dies kann eine Vielzahl verschiedener Arten von Inhalten umfassen, wie Bilder, Videos, Infografiken, Stories und mehr. Außerdem ist es wichtig, immer wieder mit verschiedenen Inhalten und Marketingstrategien zu experimentieren, um herauszufinden, was bei Ihrem Publikum am besten ankommt.

Für den Anfang ist es wichtig, dass Sie sich auf die Erstellung von hochwertigem Bildmaterial konzentrieren, das visuell ansprechend und ansprechend ist. Dazu können Sie Ihre eigenen Fotos machen oder professionelle Bilder als Ausgangspunkt verwenden. Sobald Sie die visuellen Inhalte haben, können Sie mit verschiedenen Bearbeitungstools und Filtern herumspielen, um einen ausgefeilten Look zu erzielen.

Eine weitere effektive Strategie besteht darin, sich aktiv mit anderen Nutzern auf Instagram auseinanderzusetzen, indem Sie deren Beiträge liken, kommentieren und teilen. Auf diese Weise können Sie eine Beziehung zu Ihren Followern aufbauen und sie dazu bewegen, häufiger mit Ihren Inhalten zu interagieren. Außerdem ist es wichtig, die neuesten Trends und bewährten

Methoden auf Instagram zu verfolgen, damit Sie auf dem Laufenden bleiben, was bei Ihrem Publikum ankommt.

Um Ihre Marke weiter zu fördern und neue Kunden zu erreichen, können Sie die Werbeoptionen von Instagram nutzen. So können Sie beispielsweise Anzeigen für eine bestimmte Kampagne schalten oder einfach Posts boosten, um deren Sichtbarkeit für ein größeres Publikum zu erhöhen. Mit diesen Tipps können Sie Instagram als leistungsstarkes Instrument nutzen, um neue Kunden zu erreichen, Ihre Markenbekanntheit zu steigern und den Umsatz Ihres Unternehmens zu fördern.

Auf dem Laufenden bleiben

Um auf Instagram erfolgreich zu sein und mehr Follower zu bekommen, ist es wichtig, sich über die neuesten Algorithmus-Updates und -Änderungen auf dem Laufenden zu halten. Dazu gehören Änderungen an der Darstellung von Beiträgen in Ihrem Feed sowie neue Funktionen oder Tools, mit denen Sie besser mit Ihren Followern in Kontakt treten oder Ihre Inhalte bewerben können. Einige wichtige Quellen, um über diese Änderungen auf dem Laufenden zu bleiben, sind der offizielle Blog von Instagram und die offiziellen Konten von Instagram auf Twitter, Facebook und anderen Social Media-Plattformen. Darüber hinaus können Sie online recherchieren oder andere Nutzer befragen, um ein Gefühl für die neuesten Trends und besten Praktiken auf der Plattform zu bekommen. Mit diesen Informationen können Sie Ihre Strategie weiter verfeinern und Ihre Ergebnisse mit der Zeit verbessern.

Sollten Sie Follower und Likes kaufen?

Es gibt keine endgültige Antwort auf diese Frage, denn es gibt viele Faktoren, die beeinflussen können, ob der Kauf von Followern und Likes eine gute Strategie für Ihr Unternehmen ist. Zu den wichtigsten Überlegungen, die Sie anstellen sollten, gehören die Vorteile und Risiken des Kaufs von Followern im Vergleich zum organischen Aufbau Ihrer Follower sowie die potenziellen Kosten oder der ROI, die mit der Nutzung dieser Dienste verbunden sind. Letztendlich hängt die Entscheidung, ob Sie Follower und Likes kaufen sollten, von Ihren individuellen Geschäftszielen ab und davon, was Sie mit Ihren Instagram-Marketingbemühungen zu erreichen hoffen.

Wenn Sie erwägen, Follower oder Likes zu kaufen, ist es wichtig, verschiedene Dienste zu recherchieren, um die seriösesten Anbieter mit positiven Nutzerbewertungen zu finden. Sie sollten sich auch überlegen, wie diese Dienste funktionieren, z.B. ob die Follower und Likes echt oder gefälscht sind und welche Art von Engagement sie erzeugen werden. Außerdem sollten Sie sich mit den Gebühren befassen, die mit diesen Diensten verbunden sind, damit Sie auf mögliche Kosten vorbereitet sind.

Bedenken Sie, dass gekaufte Follower immer auf die eine oder andere Weise Probleme verursachen werden. Nehmen wir an, Sie haben eine Million Follower gekauft. Die meisten von ihnen werden wahrscheinlich Bots aus Ländern sein, die nicht aus der Region stammen, in der Ihr Unternehmen tätig ist. Und auch das lässt sich herausfinden. Hinzu kommt, dass diese Bot-Follower Ihre Beiträge nicht liken werden. Stellen Sie sich also vor, Sie stoßen auf ein Instagram-Konto mit einer Million Followern, aber buchstäblich null Likes und Kommentaren unter den Beiträgen. Sieht seltsam aus, nicht wahr? Die Alternative wäre also, für jedes Posting erneut Likes und Kommentare zu kaufen. Und genau an diesem Punkt wird dann der Kauf von Followern richtig teuer. Wahrscheinlich sogar teurer, als wenn Sie das Geld in die Buchung von Werbeanzeigen investiert und dadurch eine echte Followerschaft aufgebaut hätten, von der Sie auch wirklich profitieren könnten.

Letztendlich hängt die Entscheidung, ob Sie Follower oder Likes kaufen, von Ihren spezifischen Geschäftszielen ab. Sie sollten jedoch die mit diesen Diensten verbundenen Vorteile und Risiken sorgfältig abwägen, um sicherzustellen, dass sich die Investition für Ihr Unternehmen lohnt.

Passt es zu Ihnen?

Instagram ist eine der beliebtesten Social Media-Plattformen für Unternehmen und Marken, da sie es Unternehmen ermöglicht, mit ihren visuellen Inhalten ein großes Publikum zu erreichen. Um Ihre Fangemeinde auf Instagram zu vergrößern und mehr Follower zu gewinnen, sollten Sie eine Reihe von Strategien anwenden, z.B. regelmäßig hochwertige Inhalte posten, sich aktiv mit anderen Nutzern auf der Plattform austauschen und Instagram-Anzeigen einsetzen, um Ihre Marke weiter zu fördern. Außerdem sollten Sie sich über Algorithmus-Änderungen und bewährte Verfahren auf dem Laufenden halten, damit Sie Ihre Strategie weiter verfeinern können, um maximale Wirkung zu erzielen.

Letztendlich liegt der Schlüssel zu mehr Followern auf Instagram darin, sich darauf zu konzentrieren, qualitativ hochwertige Inhalte bereitzustellen, die Ihr Publikum ansprechen und es dazu anregen, mit Ihren Beiträgen zu interagieren und sie zu teilen. Mit diesen Strategien können Sie eine starke Fangemeinde aufbauen und sich als Autorität auf der Plattform für Ihre Branche oder Nische etablieren.

Content Marketing auf TikTok

TikTok ist eine Social Media App, die in den letzten Jahren immer beliebter geworden ist. Sie wird vor allem von Teenagern und jungen Erwachsenen genutzt und bietet Marken die Möglichkeit, über kurze Videos mit dieser Zielgruppe in Kontakt zu treten. Wenn Sie nach Möglichkeiten suchen, organisch neue Follower auf TikTok zu erreichen, dann könnte Content Marketing der richtige Ansatz für Ihre Marke sein.

Eine der besten Möglichkeiten, TikTok für Content Marketing zu nutzen, besteht darin, unterhaltsame Videos zu erstellen, die Ihre Produkte oder Dienstleistungen auf ansprechende Weise präsentieren. Sie können Videos erstellen, die die Persönlichkeit Ihrer Marke zeigen und einige ihrer einzigartigen Merkmale hervorheben. So können Sie potenzielle Kunden ansprechen und sie dazu bringen, sich für Ihre E-Mail-Listen einzutragen. Sobald sie sich angemeldet haben, können Sie Ihre Produkte oder Dienstleistungen weiter vermarkten und sie zu einem Kauf anregen.

Eine weitere effektive Strategie für Content Marketing auf TikTok ist die Zusammenarbeit mit beliebten Nutzern auf der Plattform. Diese Influencer haben bereits eine große Fangemeinde, so dass die Zusammenarbeit mit ihnen dazu beitragen kann, Ihre Marke bei deren Publikum bekannt zu machen. Sie können auch mit anderen Marken zusammenarbeiten, um Videos zu erstellen, in denen Ihre beiden Produkte oder Dienstleistungen vorkommen, wodurch Sie noch mehr potenzielle Kunden erreichen können.

Wenn Sie also nach einer effektiven Möglichkeit suchen, neue Follower zu erreichen und potenzielle Kunden auf TikTok anzusprechen, dann ist Content Marketing eine großartige Option. Sie können es nutzen, um die Persönlichkeit Ihrer Marke zu präsentieren und ihre einzigartigen Eigenschaften auf unterhaltsame und ansprechende Weise hervorzuheben, was dazu beitragen kann, den Bekanntheitsgrad Ihrer Marke zu steigern und potenzielle Kunden dazu zu bewegen, sich in Ihre E-Mail-Listen einzutragen. Und mit Hilfe von Influencern und anderen Marken können Sie auf TikTok noch mehr potenzielle Kunden erreichen und Ihre Umsätze mit der Zeit steigern.

Wenn Sie also neue Follower erreichen und potenzielle Kunden auf TikTok ansprechen möchten, dann ist Content Marketing eine gute Wahl. Ganz gleich, ob Sie Ihre eigenen Videos erstellen oder mit Influencern und anderen Marken zusammenarbeiten, Sie können diese Social Media-Plattform nutzen, um den Bekanntheitsgrad Ihrer Marke zu steigern und den Umsatz zu erhöhen.

Wie funktioniert TikTok?

TikTok ist eine App für soziale Medien, mit der Nutzer kurze Videoclips erstellen und teilen können, in der Regel mit dem Schwerpunkt auf Unterhaltung. Die Nutzer können die von anderen Nutzern erstellten Videos durchsuchen oder je nach Interesse verschiedene Themen erkunden. Um Inhalte auf TikTok zu erstellen, können Nutzer ihre eigenen Videos mit den integrierten Tools der App aufnehmen und bearbeiten oder Clips aus anderen Quellen wie Musik oder Filmen verwenden. Darüber hinaus können die Nutzer mit anderen Nutzern auf der Plattform in Kontakt treten und ihnen folgen, was die Plattform zu einem großartigen Ort macht, um Verbindungen aufzubauen und eine Community rund um Ihre Marke oder Ihr Unternehmen zu schaffen.

Ein effektiver Ansatz für Marken?

Einer der Hauptgründe dafür, dass Content Marketing für Marken auf TikTok ein großartiger Ansatz ist, besteht darin, dass Sie damit auf unterhaltsame und ansprechende Weise mit Ihrer Zielgruppe in Kontakt treten können. Unabhängig davon, ob Sie selbst Videos erstellen oder mit Influencern und anderen Marken zusammenarbeiten, können Sie diese Social Media-Plattform nutzen, um die einzigartige Persönlichkeit Ihrer Marke zu präsentieren und ihre wichtigsten Eigenschaften hervorzuheben.

Dies kann dazu beitragen, die Aufmerksamkeit potenzieller Kunden zu wecken und sie zu ermutigen, sich für Ihre E-Mail-Listen anzumelden und schließlich einen Kauf zu tätigen.

Ein weiterer Grund, warum Content Marketing auf TikTok so effektiv ist, ist die Möglichkeit, die Macht von Influencern und anderen Marken zu nutzen. Indem Sie sich mit beliebten Nutzern auf der Plattform zusammentun oder Videos mit anderen Marken erstellen, können Sie Ihre Marke einem neuen Publikum bekannt machen und potenziell noch mehr potenzielle Kunden erreichen.

Wenn Sie nach einer effektiven Möglichkeit suchen, mit Ihrer Zielgruppe auf TikTok in Kontakt zu treten und sie anzusprechen, dann ist Content Marketing eine gute Option. Ganz gleich, ob Sie selbst Videos erstellen oder mit Influencern und anderen Marken zusammenarbeiten, Sie können diese Social Media-Plattform nutzen, um die einzigartige Persönlichkeit Ihrer Marke zu präsentieren und eine Community um sie herum aufzubauen. Wenn Sie also neue Follower erreichen und potenzielle Kunden auf TikTok ansprechen möchten, dann ist Content Marketing definitiv eine Überlegung wert!

Was macht TikTok so besonders?

Im Vergleich zu anderen Social Media-Plattformen verfügt TikTok über mehrere einzigartige Funktionen, die es zu einem leistungsstarken Tool für Marken und Unternehmen machen. Eines dieser Merkmale ist der Schwerpunkt auf kurzen, unterhaltsamen Videos. Die durchschnittliche Videolänge auf TikTok beträgt nur 15 Sekunden, was bedeutet, dass die Nutzer es im Allgemeinen vorziehen, sich schnelle, kurzweilige Inhalte anzusehen, anstatt längere Videos oder Artikel. Das macht TikTok zu einer idealen Plattform für Marken, die ansprechende und unterhaltsame Inhalte erstellen möchten, die von den Nutzern leicht konsumiert werden können.

Ein weiteres Hauptmerkmal von TikTok ist der Fokus auf nutzergenerierte Inhalte. Im Gegensatz zu anderen Social-Media-Plattformen, auf denen die Nutzer in der Regel nur markengeschützte oder professionelle Inhalte teilen oder ansehen können, ermutigt TikTok die Nutzer, ihre eigenen Videos zu erstellen und miteinander zu interagieren. Das bedeutet, dass Marken mit Influencern zusammenarbeiten oder sich mit anderen Marken zusammentun können, um auf TikTok neue Zielgruppen zu erreichen, ohne alle Inhalte selbst erstellen zu müssen.

Wenn Sie auf der Suche nach einer einzigartigen Social-Media-Plattform sind, die es Ihrer Marke ermöglicht, auf unterhaltsame und ansprechende Weise mit potenziellen Kunden in Kontakt zu treten, dann ist TikTok definitiv eine Überlegung wert. Ganz gleich, ob Sie Ihre eigenen Videos erstellen oder mit Influencern und anderen Marken zusammenarbeiten, Sie können diese Social Media-Plattform nutzen, um mit Ihrer Zielgruppe in Kontakt zu treten und eine Community rund um Ihre Marke aufzubauen.

Wie der TikTok-Algorithmus funktioniert

Im Gegensatz zu anderen Social Media-Plattformen, die in der Regel auf einen chronologischen News-Feed oder auf Algorithmen basierende Feeds setzen, verwendet TikTok einen einzigartigen Algorithmus, der sowohl die Zeit als auch das Engagement priorisiert. Das bedeutet, dass die Reihenfolge, in der Inhalte im Feed eines Nutzers erscheinen, nicht nur davon abhängt, wann sie gepostet wurden, sondern auch davon, wie häufig die Nutzer mit ihnen interagieren.

Im Allgemeinen funktioniert dieser Algorithmus, indem er die Feeds der Nutzer nach Beiträgen durchsucht, die in letzter Zeit viel Engagement erhalten haben – Likes, Kommentare oder Aufrufe. Dann werden diese Beiträge automatisch an den Anfang des Feeds verschoben, so dass mehr Nutzer sie sehen können. Der Algorithmus priorisiert die Inhalte nicht nur danach, wie viele Menschen sich mit ihnen beschäftigen, sondern berücksichtigt auch das bisherige Verhalten eines Nutzers. Wenn Sie also zum Beispiel typischerweise Inhalte von einer bestimmten Art von Autoren ansehen oder sich mit ihnen beschäftigen - zum Beispiel Beauty-Tutorials oder Reise-Vlogger -

dann zeigt Ihnen der Algorithmus mehr Inhalte von diesen Autoren, um Sie bei der Stange zu halten.

Insgesamt ist der Algorithmus von TikTok speziell darauf ausgerichtet, die Nutzer zu ermutigen, sich auf der Plattform zu engagieren und immer wieder zurückzukehren. Und obwohl es für Marken oder Unternehmen schwierig sein kann, mit nutzergenerierten Inhalten und Beiträgen von Influencern zu konkurrieren, gibt es einige Taktiken, mit denen Sie Ihre Inhalte für den Algorithmus optimieren können. Dazu gehören das Einstellen hochwertiger Videos, die für die mobile Ansicht optimiert sind, die Zusammenarbeit mit Influencern, um Ihre Inhalte zu teilen, und die Entwicklung einer Strategie für die Interaktion mit anderen Nutzern auf der Plattform. Wenn Sie diese Schritte unternehmen, können Sie den TikTok-Algorithmus nutzen, um die Sichtbarkeit Ihrer Inhalte zu erhöhen und neue Zielgruppen zu erreichen.

Wenn Sie also nach einer ansprechenden und effektiven Möglichkeit suchen, Ihre Marke auf TikTok zu vermarkten, ist Content Marketing die Strategie, die Sie brauchen! Indem Sie qualitativ hochwertige Videos erstellen, die für die mobile Ansicht optimiert sind, und mit Influencern oder anderen Marken zusammenarbeiten, um Ihre Inhalte zu teilen, können Sie neue Follower erreichen und eine treue Community um Ihre Marke aufbauen. Und mit Hilfe des einzigartigen Algorithmus von TikTok können Sie mit Ihrer Zielgruppe in Kontakt bleiben und immer wieder auf Ihre Videos zurückkommen!

Wie Sie Content Marketing auf TikTok nutzen können

Wenn Sie bereit sind, Content Marketing auf TikTok zu nutzen, sollten Sie einige wichtige Taktiken beachten. Zu diesen Taktiken gehören im Allgemeinen die Erstellung hochwertiger Videos, die Optimierung Ihrer Inhalte für die mobile Ansicht und die Zusammenarbeit mit Influencern oder anderen Marken, um Ihre Inhalte zu teilen. Schauen wir uns jede dieser Strategien im Detail an.

Hochwertige Inhalte

Da die Mehrheit der TikTok-Nutzer über ihr Handy auf die Plattform zugreift, ist es absolut wichtig, dass Ihre Inhalte für die mobile Nutzung optimiert sind. Das bedeutet, dass Sie Ihre Videos kurz und einfach halten müssen, damit sie auch auf einem kleinen Bildschirm gut lesbar sind. Es bedeutet auch, dass Sie hochwertige Bild- und Tonaufnahmen verwenden, damit Ihre Videos klar und ansprechend sind.

Neben der Optimierung der technischen Aspekte Ihres Videos sollten Sie Ihre Inhalte auch für den TikTok-Algorithmus optimieren. Das bedeutet, dass Sie Videos erstellen sollten, die wahrscheinlich viel Aufmerksamkeit erregen, z.B. lustige oder unterhaltsame Videos, hilfreiche Tipps oder Anleitungen oder emotionale Inhalte. Sie können auch neue Follower erreichen und sie engagiert halten, indem Sie Inhalte teilen, die für die aktuellen Trends auf der Plattform relevant sind.

Scheuen Sie sich nicht, außerhalb der üblichen Marketingbotschaften zu agieren. Das Publikum bei TikTok will etwas erleben. Ein augenzwinkernder, ironischer Clip, der vielleicht nicht ganz professionell ist, wird mehr bringen, als auf Hochglanz polierte Profi-Videos.

Kooperationen

Eine weitere wichtige Taktik für das Content Marketing auf TikTok ist die Zusammenarbeit mit Influencern oder anderen Marken, um Ihre Videos zu bewerben. Dabei können Sie direkt mit einem Influencer zusammenarbeiten, um ein Video mit Ihrem Produkt zu erstellen, oder Sie arbeiten mit einer anderen Marke zusammen, die ein ähnliches Publikum wie Sie hat. Unabhängig davon, welchen Ansatz Sie wählen, kann die Zusammenarbeit mit anderen Marken oder Influencern dazu beitragen, die Sichtbarkeit Ihrer Inhalte zu erhöhen, indem Sie neue Nutzer erreichen und sie dazu anregen, sich mit Ihren Videos zu beschäftigen.

Interaktion

Schließlich ist es auch wichtig, eine Strategie für die Interaktion mit anderen Nutzern auf TikTok zu entwickeln, um mit Ihrer Zielgruppe in Kontakt zu bleiben.

Das kann bedeuten, dass Sie einfach nur die Videos anderer Nutzer kommentieren, oder dass Sie Herausforderungen schaffen oder eine Übernahme veranstalten, bei der Sie einen Ihrer Follower einladen, einen Tag lang auf Ihrem Konto zu posten.

Für welche Strategie Sie sich auch entscheiden, wenn Sie eine aktive Rolle bei der Interaktion mit anderen Nutzern spielen, werden Sie die Sichtbarkeit Ihrer Inhalte erhöhen und neue Zielgruppen erreichen.

Insgesamt ist Content Marketing auf TikTok eine großartige Möglichkeit, um Ihre Marke darzustellen und eine treue Community für Ihre Produkte oder Dienstleistungen aufzubauen. Wenn Sie qualitativ hochwertige Videos erstellen, die für die mobile Ansicht optimiert sind, mit Influencern oder anderen Marken zusammenarbeiten, um Ihre Inhalte zu teilen, und eine Strategie für die Interaktion mit anderen Nutzern auf der Plattform entwickeln, können Sie Content Marketing nutzen, um effektiv neue Follower zu erreichen, bekannt zu werden und für einen stetigen Fluss an neuen Klienten und Aufträgen zu sorgen.

Content Marketing auf Snapchat

Als Content-Marketer wissen Sie, dass soziale Medienplattformen für die Interaktion mit Ihrem Publikum und das Wachstum Ihrer Marke unerlässlich sind. Während Facebook und Instagram die beliebtesten Social-Media-Optionen für Marken sind, gibt es eine weitere Plattform, die oft übersehen wird: Snapchat. Mit seinen verschwindenden Nachrichten und lustigen Filtern und Linsen kann Snapchat ein leistungsfähiges Tool sein, um schnelle, snackbare Inhalte mit Ihren Followern zu teilen.

Einer der größten Vorteile der Verwendung von Snapchat für Content Marketing ist, dass es einzigartig und einprägsam ist. Im Gegensatz zu anderen Social-Media-Plattformen, wo Beiträge stunden- oder tagelang im Feed der Nutzer verweilen können, bleiben Snapchat-Nachrichten jeweils nur wenige Sekunden sichtbar. Das macht Snapchat ideal, um schnell und einfach Inhalte mit Ihren Followern zu teilen.

Arten von Inhalten zum Teilen auf Snapchat

Im Folgenden finden Sie einige Strategien, mit denen Sie Snapchat in Ihr Content Marketing einbinden können:

1. **Teilen Sie Vorabinformationen über neue Produkte oder Dienstleistungen.** Eine der großartigen Eigenschaften von Snapchat ist, dass Sie den Nutzern einen Blick hinter die Kulissen Ihres Unternehmens ermöglichen können. Sie können die Plattform nutzen, um neue Produkte oder Dienstleistungen vorzustellen, deren Markteinführung Sie planen, und Ihren Followern so einen ersten Einblick in Ihre neuesten Angebote geben.

2. **Zeigen Sie lustige oder interessante Inhalte aus dem Internet.** Snapchat ist eine ideale Plattform, um interessante und ansprechende Inhalte aus dem Internet mit Ihren Followern zu teilen. Egal, ob Sie ein cooles Video oder einen interessanten Artikel teilen, stellen Sie sicher, dass Sie dem Ganzen Ihre eigene Note geben. So können Sie sich von anderen Marken auf der Plattform abheben, die ähnliche Inhalte verwenden.

3. **Veranstalten Sie Live-Events über Snapchat.** Mit Snapchat können Sie ganz einfach Online-Events mit Ihren Followern veranstalten, z.B. Frage- und Antwortrunden oder Live-Produktdemonstrationen. Auf diese Weise können Sie mit Ihrem Publikum in Echtzeit interagieren und ihm die Möglichkeit geben, persönlich mit Ihnen in Kontakt zu treten.

4. **Integrieren Sie lustige, ansprechende Filter und Linsen in Ihre Content-Strategie.** Eine der großartigen Eigenschaften von Snapchat ist, dass es den Nutzern eine Vielzahl von lustigen Filtern und Linsen bietet, mit denen sie ihre Snaps aufwerten können. Sie können diese Tools nutzen, um Ihren Content-Marketing-Bemühungen auf Snapchat eine zusätzliche kreative Ebene hinzuzufügen und Ihre Posts für Ihre Follower ansprechender und einprägsamer zu machen.

Content Marketing ist ein wesentlicher Bestandteil jeder erfolgreichen Markenstrategie, und es gibt viele verschiedene Möglichkeiten, wie Sie soziale Medienplattformen wie Snapchat nutzen können, um mit Ihrem Publikum in Kontakt zu treten und Ihre Marke auszubauen. Wenn Sie Snapchat in Ihre Content-Marketing-Strategie einbeziehen, können Sie ein neues Publikum erreichen und mit den Nutzern auf einzigartige und einprägsame Weise in Kontakt treten.

Wie Sie auf Snapchat herausstechen

Um auf Snapchat hervorzustechen und die Möglichkeiten dieser einzigartigen Social Media Plattform für Content Marketing erfolgreich zu nutzen, sollten Sie sich auf einige wichtige Strategien konzentrieren. Dazu gehören die Verwendung von ansprechenden Filtern und Linsen, die Einbindung interessanter oder unterhaltsamer Inhalte aus dem Internet in Ihre Snaps und die Veranstaltung von Live-Events über Snapchat, um mit Ihren Followern in Echtzeit in Kontakt zu treten.

Außerdem ist es wichtig, kreativ zu sein und den Inhalten, die Sie auf Snapchat teilen, Ihren eigenen Stempel aufzudrücken, um sie für die Nutzer interessanter zu machen. Mit ein wenig Übung und Kreativität können Sie die Kunst der Nutzung von Snapchat für Content-Marketing-Zwecke meistern und ein Experte darin werden, diese leistungsstarke Plattform für das Wachstum und die Stärkung Ihrer Marke zu nutzen.

Vorteile von Snapchat

Die Nutzung von Snapchat für Content Marketing hat viele Vorteile. So können Sie ein neues und engagiertes Publikum erreichen, auf einzigartige Weise mit den Nutzern in Kontakt treten und die Persönlichkeit und Stimme Ihrer Marke zur Geltung bringen. Darüber hinaus bietet Snapchat eine Vielzahl von kreativen Filtern und Linsen, mit denen Sie Ihre Snaps aufwerten und für Ihre Follower interessanter machen können.

Und indem Sie Live-Events über Snapchat veranstalten, können Sie sich in Echtzeit mit Ihrem Publikum austauschen und die Beziehung zu ihm vertiefen. Wenn Sie Ihre Content-Marketing-Strategie verbessern und ein größeres

Publikum erreichen möchten, ist Snapchat die perfekte Plattform dafür. Fangen Sie also noch heute an zu snappen!

Tipps für die Erstellung großartiger Snaps

- Verwenden Sie kreative und ansprechende Filter und Linsen, um Ihren Snaps eine zusätzliche Ebene der Kreativität zu verleihen. So können Sie Ihre Inhalte für Ihre Follower einprägsamer machen und sich von anderen Marken auf der Plattform abheben.

- Binden Sie interessante oder unterhaltsame Inhalte aus dem Internet in Ihre Snaps ein, egal ob es sich um Nachrichtenartikel, Videos oder Memes handelt. So können Sie Ihre Follower beim Durchstöbern Ihrer Snaps beschäftigen und unterhalten.

- Veranstalten Sie Live-Events über Snapchat, um mit Ihren Followern in Echtzeit in Kontakt zu treten. So können Sie eine tiefere Beziehung zu ihnen aufbauen und eine persönlichere Verbindung herstellen.

- Seien Sie kreativ und denken Sie über den Tellerrand hinaus, wenn Sie Inhalte für Snapchat erstellen. So können Sie sich von anderen Marken auf der Plattform abheben und mit den Nutzern auf einzigartige und einprägsame Weise in Kontakt treten. Denken Sie daran, dass Qualität wichtiger ist als Quantität. Nehmen Sie sich also bei der Erstellung von Snaps Zeit, um sicherzustellen, dass sie hochwertig sind und Ihren Followern einen Mehrwert bieten.

- Und schließlich sollten Sie konsequent sein, wenn Sie Snapchat für Content Marketing nutzen. Auf diese Weise bauen Sie eine starke Fangemeinde auf und schaffen dauerhafte Beziehungen zu Ihren Followern, von denen Ihre Marke langfristig profitieren kann.

Content Marketing auf Twitter

Als eine der beliebtesten Social Media-Plattformen ist Twitter ein effektives Instrument für Content Marketing. Mit mehr als 200 Millionen aktiven Nutzern am Tag[13], können Sie mit Twitter schnell und einfach ein großes Publikum erreichen. Es gibt viele Möglichkeiten, relevante Inhalte auf Twitter zu erstellen und zu teilen, z.B. Blogbeiträge zu veröffentlichen, Infografiken zu erstellen, Videoinhalte oder Bilder zu teilen.

Neben dem Erstellen und Teilen Ihrer eigenen Inhalte ist es auch wichtig, mit Ihren Followern auf Twitter in Kontakt zu treten. Dazu gehört, dass Sie zeitnah auf Fragen und Kommentare antworten und Beiträge retweeten, die Sie interessant oder hilfreich finden. Schließlich ist es für jede erfolgreiche Marketingstrategie wichtig, die Ergebnisse Ihrer Bemühungen zu messen. Dazu kann es gehören, die Anzahl Ihrer Follower zu betrachten, zu ermitteln, wie viel Traffic Ihre Website über Twitter erhält, oder zu messen, wie viel Engagement Sie für einen bestimmten Tweet erhalten.

Mit diesen Tipps im Hinterkopf ist es leicht zu erkennen, warum Twitter eine effektive Plattform für Content Marketing ist und jedem Unternehmen oder jeder Organisation zu besseren Ergebnissen verhelfen kann.

---

[13] Quelle: https://www.businessofapps.com/data/twitter-statistics/

Vorteile von Twitter

Die Nutzung von Twitter für das Content Marketing bietet viele Vorteile, darunter:

- **Ein großes Publikum schnell und einfach zu erreichen:** Mit mehr als 200 Millionen aktiven Nutzern am Tag ist Twitter eine der beliebtesten Social Media-Plattformen überhaupt. Das bedeutet, dass Sie Ihr Zielpublikum leicht erreichen und mit potenziellen Kunden oder Klienten in Kontakt treten können.

- **Erstellen und Teilen von relevanten Inhalten:** Es gibt viele verschiedene Arten von Inhalten, die Sie auf Twitter erstellen und teilen können, von Blogbeiträgen über Infografiken bis hin zu Videos oder Bildern. So können Sie kreativ sein und Ihre einzigartige Stimme und Ihren Standpunkt mit einem großen Publikum teilen.

- **Kontakt mit Entscheidungsträgern aus Medien, Nachrichten und Wirtschaft:** Twitter ist eine großartige Möglichkeit, um mit Einflussnehmern und Entscheidungsträgern in Ihrer Branche in Kontakt zu treten. Wenn Sie wichtigen Journalisten, Vordenkern und Wirtschaftsführern auf Twitter folgen, können Sie sich über die neuesten Nachrichten und Trends in Ihrem Bereich auf dem Laufenden halten.

- **Werden Sie selbst zu einem Vordenker:** Indem Sie Ihre eigenen Inhalte teilen, sich mit anderen auf Twitter austauschen und sich mit einflussreichen Branchenvertretern vernetzen, können Sie zu einem Vordenker in Ihrem Bereich werden. Indem Sie Ihre Online-Präsenz und Autorität auf Twitter aufbauen, können Sie sich als Experte auf Ihrem Gebiet etablieren und mehr Follower gewinnen.

Nachteile von Twitter

Die Nutzung von Twitter für das Content Marketing bietet zwar viele Vorteile, kann aber auch einige Herausforderungen mit sich bringen. Zu den möglichen Nachteilen der Nutzung von Twitter gehören:

- **Konkurrenz mit Tausenden von anderen Nutzern:** Bei Millionen von Tweets, die jeden Tag versendet werden, kann es schwierig sein, auf Twitter hervorzustechen. Das bedeutet, dass es wichtig ist, Ihre Inhalte einzigartig und ansprechend zu gestalten, damit sie mit größerer Wahrscheinlichkeit wahrgenommen und geteilt werden.

- **Messung der Ergebnisse kann schwierig sein:** Es kann auch schwierig sein, die Ergebnisse Ihrer Bemühungen auf Twitter zu verfolgen. Dazu gehört die Messung der Anzahl Ihrer Follower, die Analyse des Website-Traffics von Twitter oder die Messung des Engagements bei bestimmten Tweets. Es gibt jedoch viele Analyse-Tools, die Ihnen helfen, Ihre Ergebnisse zu messen und zu verfolgen. Es ist also wichtig, dass Sie sich die Zeit nehmen, diese Optionen zu erkunden.

- **Einfaches Erhalten von Sh*tstorms:** Da Sie Ihre Gedanken und Meinungen leicht mit einem großen Publikum teilen können, kann Twitter auch eine Plattform für Kontroversen und negatives Feedback sein. Das bedeutet, dass es wichtig ist, professionell, höflich und respektvoll zu bleiben, wenn Sie sich mit anderen auf Twitter austauschen, um mögliche Gegenreaktionen oder Konflikte zu vermeiden.

Trotz dieser Herausforderungen kann die Nutzung von Twitter für Content Marketing eine effektive Strategie für jedes Unternehmen oder jede Organisation sein, die ein größeres Publikum erreichen und ihre Online-Präsenz ausbauen möchte. Mit der richtigen Herangehensweise und den richtigen Tools ist es möglich, Twitter so zu nutzen, dass Ihre Content-Marketing-Bemühungen zu Ergebnissen führen.

Wie genau Twitter funktioniert

Wenn Sie erst einmal bei Twitter sind, wird es Ihnen wahrscheinlich leicht fallen, die Plattform zu nutzen. Schauen wir uns zunächst die grundlegenden Funktionen von Twitter an, wie alles funktioniert und so weiter:

- Zu den grundlegenden Funktionen von Twitter gehören das Erstellen und Teilen eigener Inhalte, die Interaktion mit anderen Nutzern, indem Sie deren Beiträge liken oder retweeten, sie kommentieren und sich gegenseitig private Nachrichten schicken.

- Um Inhalte auf Twitter zu erstellen und zu teilen, müssen Sie sich zunächst für ein Benutzerkonto anmelden. Dies können Sie entweder auf der Twitter-Website oder über die Twitter-App auf Ihrem Mobilgerät tun.

- Sobald Sie ein Konto haben, können Sie mit dem Teilen von Inhalten beginnen, indem Sie Status-Updates mit Text, Bildern und Videos veröffentlichen. Sie können auch Hashtags verwenden, um die Reichweite und Sichtbarkeit Ihrer Beiträge zu erhöhen, und mit Ihren Followern in Kontakt treten, indem Sie auf ihre Kommentare antworten oder sie liken.

- Twitter bietet auch eine Reihe von Tools und Ressourcen für Content-Marketer, darunter erweiterte Analysefunktionen, mit denen Sie Ihre Leistung auf der Plattform verfolgen können, sowie Apps und Dienste von Drittanbietern, mit denen Sie Ihre Follower verwalten und Posts im Voraus planen können.

Insgesamt ist Twitter ein leistungsfähiges Tool für das Content Marketing, mit dem Sie ein großes Publikum erreichen und mit Influencern in Ihrer Branche in Kontakt treten können. Mit der richtigen Strategie und Herangehensweise können Sie es nutzen, um Ihre Content-Marketing-Bemühungen erfolgreich zu gestalten.

Es gibt zwar viele Möglichkeiten, Twitter für das Content Marketing zu nutzen, aber das Hauptaugenmerk sollte immer auf der Erstellung und Verbreitung relevanter, ansprechender Inhalte liegen, die Ihre Follower nützlich finden. Dazu gehört die regelmäßige Veröffentlichung von Blogbeiträgen oder das Teilen von Videoinhalten oder Infografiken, die für Ihr Publikum wertvoll sind. Es ist auch wichtig, mit Ihren Followern auf Twitter in Kontakt zu treten, indem Sie zeitnah auf ihre Fragen und Kommentare antworten und Beiträge retweeten, die Sie interessant oder hilfreich finden.

Content Marketing auf Pinterest

Pinterest ist eine leistungsstarke Social Media-Plattform, die von Unternehmen oft unterschätzt wird. Tatsächlich kann sie jedoch ein äußerst wertvolles Instrument für das Content Marketing sein, mit dem Sie Ihre Inhalte erstellen und teilen, Beziehungen zu potenziellen Kunden aufbauen und Ihr Unternehmen bei neuen Zielgruppen bekannt machen können. Ganz gleich, ob Sie gerade erst mit Pinterest anfangen oder nach Möglichkeiten suchen, Ihre Strategie zu verbessern, hier finden Sie einige Tipps, wie Sie das Beste aus dieser beliebten Plattform herausholen können.

Erstellen Sie packende Inhalte, die Ihr Zielpublikum ansprechen. Bei Pinterest dreht sich alles um visuelle Inhalte - das heißt, hochwertige Bilder und Videos. Stellen Sie also sicher, dass Ihre Pins ansprechend und relevant für die Wünsche Ihrer Zielgruppe sind. Das bedeutet, dass Sie recherchieren sollten, welche Arten von Inhalten auf Pinterest gut ankommen, und mit verschiedenen Formaten experimentieren sollten, um herauszufinden, was für Ihr Unternehmen am besten funktioniert.

Einige Beispiele für gute Inhalte auf Pinterest sind:

- **Infografiken:** Diese Art von Bildern sind auf Pinterest besonders beliebt, da sie visuell ansprechend sind und wertvolle Informationen in einem prägnanten und leicht verständlichen Format liefern. Sie können online kostenlose Vorlagen finden, um Ihre eigenen Infografiken zu erstellen, oder Sie können mit einem Designer zusammenarbeiten, um sie speziell für Ihr Unternehmen zu entwickeln.

- **Produktfotos:** Präsentieren Sie Ihre Produkte oder Dienstleistungen auf Pinterest, indem Sie schöne, hochwertige Fotos erstellen, die potenziellen Kunden ins Auge fallen und dazu beitragen, dass Ihr Unternehmen wahrgenommen wird.

- **Hinter-den-Kulissen-Inhalte:** Wenn Sie Ihren Followern einen Blick hinter die Kulissen Ihres Unternehmens gewähren, ist das eine gute Möglichkeit, Vertrauen aufzubauen und eine Verbindung zu ihnen herzustellen. Ob es sich um ein Video von Ihnen bei der Arbeit im Büro oder ein Foto Ihres Teams bei einer Veranstaltung handelt, diese Art von Inhalten kann dazu beitragen, Sie von der Konkurrenz abzuheben und zu zeigen, dass Sie mehr sind als nur die Produkte oder Dienstleistungen, die Sie anbieten.

Bauen Sie Beziehungen zu potenziellen Kunden auf

Neben der Erstellung großartiger Inhalte auf Pinterest ist es auch wichtig, mit anderen Nutzern in Kontakt zu treten und Beziehungen zu ihnen aufzubauen. Kommentieren Sie deren Pins, repinnen Sie deren Inhalte und folgen Sie neuen Nutzern, die an Ihrem Unternehmen interessiert sein könnten. So erreichen Sie ein breiteres Publikum und zeigen, dass Sie sich aktiv auf der Plattform engagieren - was Ihnen einen Vorteil gegenüber Konkurrenten verschaffen kann, die nur Inhalte posten, ohne mit anderen Nutzern zu interagieren.

Nutzen Sie Pinterest, um Ihre Inhalte zu bewerben

Eine weitere wirkungsvolle Möglichkeit, Pinterest für das Content Marketing zu nutzen, besteht darin, Ihre bestehenden Inhalte auf der Plattform zu bewerben. Dazu können Sie Boards mit Ihren besten Blogbeiträgen, Videos und Infografiken erstellen oder gezielte Pins mit bestimmten Zielgruppen teilen, die wahrscheinlich an Ihren Angeboten interessiert sind. Ganz gleich, ob Sie neu auf Pinterest sind oder bereits ein erfahrener Nutzer, unterschätzen Sie nicht die Macht dieser Social Media Plattform für Ihre Content Marketing Bemühungen. Mit der richtigen Strategie und Taktik können Sie Pinterest nutzen, um ein größeres Publikum zu erreichen und mit potenziellen Kunden auf sinnvolle Weise in Kontakt zu treten.

Optimieren Sie Ihre Pins für die Suche

Pins, die für die Suche optimiert sind, werden mit größerer Wahrscheinlichkeit bei der Suche nach relevanten Stichwörtern auf Pinterest angezeigt. Daher ist es wichtig, auf Details wie Bildgröße und Beschreibungen zu achten. Erwägen Sie die Verwendung von Schlüsselwörtern in den Titeln und Beschreibungen Ihrer Pins, und fügen Sie gegebenenfalls Links zu Ihrer Website ein. Eine gute Möglichkeit, die richtigen Schlüsselwörter zu finden, besteht darin, zu recherchieren, welche Begriffe von Ihrer Zielgruppe verwendet werden, und Tools wie den Keyword Planner von Google oder ein Pinterest-spezifisches Tool wie PinSearch zu verwenden.

Bewerben Sie Ihre Pins in den sozialen Medien

Stellen Sie sicher, dass Sie Ihre Pins nicht nur auf Pinterest selbst teilen, sondern auch auf anderen Social Media-Plattformen wie Facebook und Twitter bewerben. So erhöhen Sie die Sichtbarkeit Ihrer Pins und erreichen, dass sich mehr Menschen mit den von Ihnen erstellten Inhalten beschäftigen.

Vorteile von Pinterest für Content Marketing

Pinterest konzentriert sich hauptsächlich auf Bilder, was es zu einem leistungsstarken Tool für Content Marketing macht. Die

Bilder, die Sie auf Pinterest posten, können dazu beitragen, die Aufmerksamkeit auf Ihr Unternehmen zu lenken, und die Plattform bietet Funktionen wie die Stichwortsuche und Analysen, mit denen Sie verfolgen können, wie gut Ihre Pins funktionieren.

Hier sind einige weitere Vorteile von Pinterest, wenn es darum geht, es als Plattform für Ihr Content Marketing zu nutzen:

- Pinterest hat eine sehr aktive und engagierte Nutzerbasis mit über 445 Millionen Nutzern pro Monat[14] weltweit. Das bedeutet, dass es ein großes potenzielles Publikum für Ihre Inhalte auf Pinterest gibt, was es zu einer idealen Plattform macht, um neue Kunden zu erreichen und Ihre Marke aufzubauen.

- Mit der richtigen Strategie und Taktik können Sie Pinterest nutzen, um qualitativ hochwertige Inhalte zu produzieren, die für die Suche optimiert sind und Ihnen helfen, mehr Sichtbarkeit zu erlangen und neue Zielgruppen zu erreichen.

- Pinterest ermöglicht es Unternehmen auch, zielgerichtete Anzeigen zu erstellen, die speziell auf bestimmte Zielgruppen zugeschnitten sind, was es zu einem

[14] Quelle: https://de.statista.com/themen/1996/pinterest/

leistungsstarken Tool macht, um Ihre Inhalte zu bewerben und potenzielle Kunden zu erreichen.

Pinterest kann eine sehr effektive Plattform für Content Marketing sein und bietet Unternehmen eine Reihe leistungsstarker Tools und Funktionen, die ihnen dabei helfen können, mit ihrer Zielgruppe in Kontakt zu treten und ihre Produkte oder Dienstleistungen auf sinnvolle Weise zu bewerben.

Nachteile von Pinterest

Pinterest bietet zwar viele Vorteile für Content-Vermarkter, aber es ist wichtig, sich auch über einige mögliche Nachteile im Klaren zu sein. Da zum Beispiel das Pinnen von Bildern auf dieser Plattform so beliebt ist, können Ihre Pins leicht von der schieren Menge an Inhalten, die jeden Tag gepostet werden, übertönt werden.

Außerdem ist das Engagement der Nutzer auf Pinterest nicht so hoch wie auf anderen sozialen Medien, so dass es nicht immer einfach ist, mit potenziellen Kunden auf sinnvolle Weise in Kontakt zu treten.

Insgesamt gibt es zwar einige Nachteile bei der Verwendung von Pinterest für das Content Marketing, aber die Vorteile überwiegen die Nachteile, und diese Plattform kann ein effektives Instrument sein, um den Traffic zu steigern, Ihre Marke aufzubauen und Ihre Produkte oder Dienstleistungen zu bewerben.

Unabhängig davon, ob Sie ein neuer oder ein erfahrener Pinterest-Nutzer sind, gibt es viele Gründe, die Nutzung dieser Plattform für das Content Marketing in Betracht zu ziehen. Mit seinem Schwerpunkt auf visuellen Inhalten ist Pinterest ideal, um Ihre Produkte und Dienstleistungen auf ansprechende Weise zu präsentieren, und mit gezielten Anzeigen auf der Plattform können Sie potenzielle Kunden auf sinnvolle Weise erreichen. Es ist jedoch wichtig, dass Sie sowohl die Vor- als auch die Nachteile der Nutzung von Pinterest für das Content Marketing kennen, damit Sie das Beste aus diesem leistungsstarken Marketinginstrument herausholen können.

Content Marketing auf Quora

Content Marketing ist ein unverzichtbares Instrument für jedes Unternehmen, das ein größeres Publikum erreichen und seinen Bekanntheitsgrad steigern möchte. Und Quora ist eine der besten Content-Marketing-Plattformen im Internet. Sie ermöglicht es Unternehmen, wertvolle und fundierte Inhalte zu erstellen, die ihnen helfen, neue Leser zu gewinnen, Leads zu generieren und Vertrauen bei ihrer Zielgruppe aufzubauen.

Was ist Quora?

Quora ist eine beliebte Q&A-Plattform, auf der Menschen aus der ganzen Welt Fragen stellen und Antworten von anderen Nutzern erhalten können. Es ist wie ein virtuelles Forum, in dem Experten aus verschiedenen Bereichen ihr Wissen und ihre Erkenntnisse mit anderen teilen. Viele Unternehmen haben die Macht von Quora für das Content Marketing entdeckt und nutzen es, um ihrem Publikum wertvolle Informationen zu liefern und ihre Marke aufzubauen.

Warum Quora für Content Marketing nutzen?

Die Nutzung von Quora für das Content Marketing bietet mehrere wichtige Vorteile. Hier sind nur einige davon:

1. Es hilft Unternehmen, ein breites Publikum zu erreichen. Mit über 300 Millionen Besuchern im Monat[15] (weltweit) ist Quora eine ansehnliche Online-Community im Internet. Das bedeutet, dass Unternehmen damit ein breites und vielfältiges Publikum erreichen können, darunter auch potenzielle Kunden.

2. Es bietet eine Plattform, um Vertrauen bei Ihrer Zielgruppe aufzubauen. Wenn Sie auf Quora nützliche Informationen zur Verfügung stellen, etablieren Sie sich als Experte auf Ihrem Gebiet, und das trägt dazu bei, Vertrauen bei potenziellen Kunden aufzubauen. Dies ist besonders wichtig, weil die meisten Menschen skeptisch gegenüber "selbsterklärten" Experten sind. Durch die Qualität Ihrer Antworten auf Quora zeigen Sie, dass Sie eine Autorität auf einem Gebiet sind. Dies schafft Vertrauen.

3. Es hilft Unternehmen, neue Leser zu erreichen. Viele Menschen nutzen Quora, um Antworten auf ihre Fragen zu finden. Durch die Bereitstellung hochwertiger Inhalte auf dieser Plattform können Unternehmen neue Leser ansprechen, die sich für ihre Angebote interessieren

[15] Quelle: https://startupbonsai.com/quora-statistics/

könnten.

4. Es hilft Unternehmen, Leads zu generieren und den Umsatz zu steigern. Viele Unternehmen nutzen Quora als Instrument zur Lead-Generierung, indem sie nützliche Informationen bereitstellen und im Gegenzug Kontaktinformationen von Lesern erhalten, die sich für ihr Angebot interessieren. Und wenn Sie Quora in Kombination mit anderen Marketinginstrumenten wie E-Mail-Listen oder Social Media Marketing einsetzen, können Sie damit auch Ihren Umsatz steigern.

Vorteile von Quora für Content Marketing

Eines der besten Dinge an Quora ist, dass es Unternehmen ermöglicht, sehr spezifische Zielgruppen anzusprechen. Mithilfe der Suchfunktion der Plattform können Unternehmen Menschen finden und mit ihnen in Kontakt treten, die an ihren Produkten oder Dienstleistungen interessiert sind.

Darüber hinaus ist Quora eine hervorragende Möglichkeit für Unternehmen, in ihrer Branche an Sichtbarkeit und Glaubwürdigkeit zu gewinnen. Wenn Sie hochwertige Inhalte auf der Plattform veröffentlichen, etablieren Sie Ihre Marke als Experte und Vordenker auf Ihrem Gebiet. Dadurch gewinnen Sie das Vertrauen Ihrer Zielgruppe und erhöhen Ihre Chancen, Leser in Kunden zu verwandeln.

Eine weitere großartige Eigenschaft von Quora ist, dass es Unternehmen die Möglichkeit bietet, direkt mit ihrem Publikum zu interagieren. Durch die Beantwortung von Fragen, die Bereitstellung wertvoller Informationen und den Austausch nützlicher Tipps und Erkenntnisse können Unternehmen auf sinnvolle Weise mit ihrer Zielgruppe in Kontakt treten und starke Beziehungen aufbauen.

Wenn Sie auf der Suche nach einem effektiven Content-Marketing-Tool sind, dann ist Quora auf jeden Fall eine Überlegung wert. Ganz gleich, ob Sie neue Leser erreichen oder Ihre bestehenden Kunden ansprechen möchten, Quora bietet alles, was Sie für Ihren Erfolg brauchen!

Nachteile von Quora für Content Marketing

Quora bietet zwar viele Vorteile für Unternehmen, die Content Marketing betreiben möchten, aber es hat auch einige Nachteile. Einer der Hauptnachteile ist, dass es schwierig sein kann, auf der Plattform hervorzustechen, wenn Sie keine große Fangemeinde oder keine hochwertigen Inhalte haben. Da die Konkurrenz auf Quora so groß ist, kann es schwierig sein, mit Ihren Inhalten gesehen zu werden und Besucher auf Ihre Website zu leiten.

Ein weiteres potenzielles Problem bei der Verwendung von Quora für das Content Marketing ist, dass die deutschsprachige Plattform erst 2017 auf den Markt gegangen ist. Zwar ist diese seitdem natürlich gewachsen, allerdings sollten Sie dringend messen, ob die Arbeit, die Sie in Quora investieren, es auch wert ist. Es erfordert einiges an Arbeit, um eine Top-Antwort auf eine Frage zu erstellen. Insofern sollte sich dieser Aufwand früher oder später auch auszahlen.

Trotz dieser Nachteile ist Quora jedoch ein leistungsstarkes Instrument für Unternehmen, die durch Content Marketing mit ihrem Publikum in Kontakt treten möchten. Mit der richtigen Strategie und Herangehensweise kann es ein effektiver Weg sein, um neue Leser zu erreichen und die Besucherzahlen auf Ihrer Website zu steigern. Wenn Sie also auf der Suche nach einer neuen Möglichkeit sind, Ihr Content Marketing anzukurbeln, dann könnte Quora genau das Richtige für Sie sein!

Wie können Unternehmen Quora nutzen?

Es gibt mehrere Möglichkeiten, wie Unternehmen Quora für das Content Marketing nutzen können:

1. Beantworten Sie Fragen, die sich auf Ihre Branche oder Ihr Unternehmen beziehen. Durch die Beantwortung von

Fragen, die sich auf Ihr Produkt oder Ihr Fachgebiet beziehen, positionieren Sie sich als Experte auf einem bestimmten Gebiet und bieten Ihrer Zielgruppe gleichzeitig wertvolle Informationen.

2. Teilen Sie relevante Inhalte auf Quora. Sie können Links zu von Ihnen verfassten Blogbeiträgen oder Artikeln posten, solange diese mit Ihrer Branche oder dem Thema, das Sie interessiert, in Zusammenhang stehen. Dies trägt dazu bei, Ihre Inhalte bekannt zu machen und den Traffic auf Ihre Website zu lenken.

3. Regen Sie Diskussionen über Themen an, die für Ihr Publikum wichtig sind. Indem Sie Diskussionen über wichtige Themen Ihrer Branche anregen, können Sie sich mit Ihrer Zielgruppe austauschen und mit ihr in Kontakt treten. Dies trägt auch dazu bei, das Markenbewusstsein und das Vertrauen Ihrer Leser zu stärken.

4. Nutzen Sie die Werbeoptionen von Quora. Wenn Sie die Sichtbarkeit Ihrer Inhalte auf Quora erhöhen möchten, sollten Sie in bezahlte Werbung auf der Plattform investieren. Damit erreichen Sie ein größeres Publikum und erhöhen Ihre Chancen, Besucher auf Ihre Website zu leiten oder Leser in Kunden zu verwandeln.

Insgesamt können Unternehmen Quora auf verschiedene Weise für Content Marketing nutzen, je nach ihren Zielen und Vorstellungen. Ganz gleich, ob Sie neue Leser gewinnen oder Ihre bestehenden Kunden einbinden möchten, Quora bietet Ihnen die Tools, die Sie für Ihren Erfolg benötigen! Und das Gleiche gilt natürlich auch für die meisten Q&A-Plattformen wie Yahoo Answers, Stack Exchange und andere. Mit dem richtigen Ansatz und der richtigen Strategie können diese Plattformen leistungsstarke Werkzeuge für Unternehmen sein, die ihre Content-Marketing-Bemühungen verstärken möchten. Wenn Sie also bereit sind, Quora oder eine andere Q&A-Plattform für Ihre Content-Marketing-Kampagnen zu nutzen, dann gehen Sie hinaus und erkunden Sie sie! Sie werden nicht enttäuscht sein.

Content Marketing auf LinkedIn

LinkedIn ist ebenfalls eine soziale Medienplattform, die für Content Marketing genutzt werden kann. Mit über 575 Millionen Nutzern weltweit und 19 Millionen[16] allein aus dem DACH[17] Raum ist LinkedIn ein hervorragender Ort, um Inhalte mit einem Zielpublikum zu teilen.

Bei der Erstellung von Inhalten für LinkedIn ist es wichtig, die Art des Publikums, das die Plattform nutzt, im Auge zu behalten. LinkedIn-Nutzer sind in der Regel Fachleute, daher sollten Ihre Inhalte für sie und ihre Unternehmen relevant sein.

LinkedIn bietet eine Reihe von Tools und Funktionen, die für das Content Marketing genutzt werden können. Die Plattform ermöglicht es Ihnen, Inhalte in langer Form mit Ihren Followern zu teilen. LinkedIn bietet auch eine Reihe von bezahlten Targeting-Optionen, mit denen Sie ein bestimmtes Publikum mit Ihren Inhalten erreichen können.

Wie Sie LinkedIn für Content Marketing nutzen

LinkedIn unterscheidet sich etwas von den anderen Plattformen, die wir bisher behandelt haben. Es ist nämlich eine Plattform im

[16] Quelle: https://de.statista.com/themen/700/linkedin/
[17] DACH: Deutschland, Österreich, Schweiz

Businessbereich und zielt daher auch auf ein Publikum in diesem Bereich ab, so dass Sie einiges tun können, um Inhalte effektiv zu erstellen. Denken Sie daran, dass es für Sie nur dann Sinn ergibt, auf LinkedIn Ihr Content Marketing zu betreiben, wenn Ihr Unternehmen auch in diese Zielgruppe passt. Nehmen wir an, Sie bieten die professionelle Erstellung von Bewerbungsunterlagen an oder Sie sind Unternehmens- oder Gründungsberater. In all diesen Fällen ist LinkedIn eine hervorragende Möglichkeit, um Fachleute zu erreichen, die Ihnen vielleicht nicht auf anderen sozialen Medienkanälen folgen. Wenn Sie hingegen einen Online Shop für Cannabis-Zubehör betreiben, werden vermutlich nicht viele LinkedIn-Nutzer Ihre Posts teilen, um ihr eigenes berufliches Image zu wahren.

LinkedIn ist direkt mit Ihrem Lebenslauf und Ihrem beruflichen Profil verbunden. Wenn Sie also ein LinkedIn-Konto haben, stellen Sie sicher, dass Ihr Profil aktuell ist und alle relevanten Informationen über Sie enthält – insbesondere Ihre Fähigkeiten, Erfahrung und Ausbildung. Sie können auch mit anderen Fachleuten auf LinkedIn in Kontakt treten, indem Sie branchenspezifischen Gruppen beitreten oder ihnen folgen.

Eine weitere gute Möglichkeit, Ihre Inhalte auf LinkedIn zu bewerben, ist die Nutzung bezahlter Werbefunktionen. Damit können Sie ein bestimmtes Publikum ansprechen und Menschen erreichen, die sich eher für Ihre Inhalte interessieren.

Vorteile von LinkedIn

Es gibt viele Vorteile, LinkedIn für das Content Marketing zu nutzen.

- So verfügt LinkedIn über ein großes und sehr engagiertes Publikum von Fachleuten, was es zu einer idealen Plattform für Content Marketing macht.

- Außerdem finden Sie bei LinkedIn eine Reihe leistungsstarker Tools, mit denen Sie ganz einfach Inhalte erstellen, veröffentlichen und bewerben können. Dazu gehören die LinkedIn Publisher-Plattform, LinkedIn-Gruppen und verschiedene Analysetools wie die LinkedIn Today-Seite.

- Sie können auf LinkedIn unternehmerische Entscheider erreichen, was ein einzigartiger Vorteil gegenüber anderen Social Media-Kanälen ist.

- LinkedIn ermöglicht es Ihnen außerdem, Ihre Inhalte nach Beruf, Unternehmensgröße und anderen Faktoren auszurichten, wodurch Sie sehr gezielte und effektive Kampagnen erstellen können.

- LinkedIn hat zudem eine Plattform für visuelles Storytelling eingeführt, mit der Sie visuelle Inhalte wie

Infografiken und Videos leichter erstellen können.

- LinkedIn eignet sich für eine enge Vernetzung, was für Content-Marketer ein wichtiger Faktor sein kann. Wenn Sie Ihre Inhalte mit den richtigen Leuten teilen, kann dies dazu beitragen, dass Besucher und Leads auf Ihre Website oder andere Marketingkanäle zurückkehren.

Insgesamt ist LinkedIn ein leistungsstarkes Tool für Content-Marketer und bietet viele einzigartige Vorteile im Vergleich zu anderen Social Media-Plattformen. Es gibt jedoch auch einige Nachteile oder Bereiche, die Sie berücksichtigen sollten. Lassen Sie uns diese ebenfalls genauer betrachten.

Nachteile von LinkedIn

Es gibt zwar viele Vorteile, LinkedIn für Content Marketing zu nutzen, aber es gilt auch einige potenzielle Nachteile zu beachten. So kann es zum Beispiel schwierig sein, aus der großen Zahl von Inhalten auf LinkedIn herauszustechen, und es kann auch schwierig sein, Beziehungen zu Ihrer Zielgruppe aufzubauen.

Ein weiterer Nachteil ist, dass Inhalte auf LinkedIn oft als Werbung angesehen werden, was dazu führen kann, dass man sie mit einem kritischen Auge betrachtet. Daher ist es wichtig, dass Sie hochwertige Inhalte erstellen, die Ihre Zielgruppe ansprechen und einen Mehrwert bieten.

Doch trotz dieser Nachteile kann LinkedIn ein äußerst effektiver Kanal für Content Marketing sein und bietet viele einzigartige Vorteile, die es lohnenswert machen, ihn zu nutzen. Mit der richtigen Strategie können Sie LinkedIn nutzen, um Ihr Geschäft auszubauen und Ihre Marketingergebnisse zu verbessern.

Was sind die wichtigsten Tipps für die Nutzung von LinkedIn als Content-Marketer?

1. Beginnen Sie damit, ein Profil zu erstellen, das Ihr Fachwissen hervorhebt und Ihre Leistungen in Ihrem Bereich präsentiert. So können Sie bei potenziellen Kunden Glaubwürdigkeit aufbauen und sich als Vordenker in Ihrer Branche etablieren.

2. Nutzen Sie den LinkedIn Publisher, um Originalartikel, Infografiken, Videos und andere Inhalte zu erstellen und zu veröffentlichen, die Ihre Zielgruppe ansprechen.

3. Treten Sie relevanten LinkedIn-Gruppen bei und beteiligen Sie sich an Diskussionen, um Beziehungen zu potenziellen Kunden und Branchenvertretern aufzubauen.

4. Nutzen Sie die Analysetools von LinkedIn, um die Leistung Ihrer Inhalte zu messen und Ihre Strategie im Laufe der Zeit kontinuierlich zu verfeinern. Auf diese Weise können Sie die Ergebnisse verbessern und das Beste aus Ihren LinkedIn-Marketingbemühungen herausholen.

5. Und schließlich sollten Sie immer daran denken, dass Content Marketing auf LinkedIn sich darauf konzentrieren sollte, einen Mehrwert zu bieten und Ihr Publikum anzusprechen, anstatt einfach nur Verkaufsbotschaften zu platzieren. Wenn Sie qualitativ hochwertige Inhalte erstellen, die Ihre Zielgruppe wirklich ansprechen, können Sie LinkedIn nutzen, um Ihr Geschäft auszubauen und Ihre Marketing-Ergebnisse zu verbessern.

Beginnen Sie mit der Erstellung von Inhalten

Wenn Sie der Meinung sind, dass LinkedIn die perfekte Plattform ist, um Ihre Content-Marketing-Bemühungen zu fokussieren, ist der nächste Schritt, mit der Erstellung und Veröffentlichung von Inhalten zu beginnen. Dies kann in verschiedenen Formaten geschehen, z.B. in Form von Artikeln, Infografiken, Videos, E-Books, Webinaren und mehr. So wird es gemacht:

1. Entscheiden Sie sich für die Art von Inhalten, die Sie auf LinkedIn teilen möchten. Das können Blogbeiträge, Artikel, Infografiken, Videos, Fotos oder andere Arten von Inhalten sein.

2. Bestimmen Sie Ihr Zielpublikum und nutzen Sie die auf LinkedIn verfügbaren Targeting-Optionen, um es mit Ihren Inhalten zu erreichen. Erwägen Sie die Verwendung von Schlüsselwörtern, die für Ihre Branche oder Ihr Unternehmen relevant sind.

3. Optimieren Sie Ihre Inhalte für Suchmaschinen, insbesondere wenn Sie sie über bezahlte Werbung auf LinkedIn verbreiten möchten. So erhalten Sie mehr Sichtbarkeit und erreichen ein größeres Publikum.

4. Verwenden Sie effektive Handlungsaufforderungen, um Ihre Follower zum Teilen oder zur Interaktion mit Ihren Inhalten zu bewegen. Bitten Sie sie zum Beispiel, Kommentare zu hinterlassen oder Ihren Beitrag mit ihren Netzwerken zu teilen.

5. Bewerben Sie Ihre Inhalte auf anderen Social Media-Kanälen sowie durch E-Mail-Marketing oder bezahlte Werbung. Auf diese Weise können Sie Ihre Reichweite erhöhen und mehr Besucher zu Ihren Inhalten auf LinkedIn leiten.

LinkedIn Gruppen für Content Marketing nutzen

Schauen wir uns an, was LinkedIn-Gruppen sind und wie Sie sie für das Content Marketing nutzen können.

LinkedIn-Gruppen sind Online-Communities, die sich auf ein bestimmtes Thema oder eine bestimmte Branche konzentrieren. Diese Gruppen bieten den Mitgliedern eine Plattform, um Themen zu diskutieren, Inhalte auszutauschen und sich mit anderen Fachleuten in ihrem Bereich auszutauschen.

Wenn Sie LinkedIn Gruppen für Content Marketing nutzen möchten, können Sie verschiedene Strategien ausprobieren. Sie können zum Beispiel Ihre eigenen Gruppen erstellen und andere Fachleute einladen, ihnen beizutreten. Dies kann eine großartige Möglichkeit sein, Beziehungen zu anderen Fachleuten aufzubauen und Ihre Inhalte mit einem gezielten Publikum zu teilen.

Sie können auch an bestehenden LinkedIn-Gruppen teilnehmen und zu den dortigen Diskussionen beitragen. Dies kann Ihnen helfen, Ihre Autorität aufzubauen und sich als Vordenker in Ihrer Branche zu etablieren.

Bewerben Sie Ihre Inhalte auf LinkedIn

Eine weitere Strategie zur Nutzung von LinkedIn-Gruppen für das Content Marketing besteht darin, Ihre Inhalte über bezahlte Werbung auf der Plattform zu verbreiten. Auf diese Weise können Sie bestimmte Gruppen ansprechen und ein Publikum erreichen, das wahrscheinlich an Ihren Inhalten interessiert ist.

Um Ihre Inhalte auf LinkedIn zu bewerben, erstellen Sie zunächst eine Anzeigenkampagne, die auf relevante Gruppen ausgerichtet ist. Sie können die Targeting-Optionen im LinkedIn Ads Manager nutzen, um die Gruppen und andere Kriterien für Ihre Kampagne auszuwählen.

Als Nächstes laden Sie Ihre Inhalte auf LinkedIn hoch und erstellen Anzeigen, die auf diese Inhalte verweisen. Sie können aus einer Vielzahl verschiedener Anzeigenformate wählen, darunter In-Stream-Videos, Bilder mit Text und Karussellanzeigen.

Legen Sie schließlich ein Budget für Ihre Kampagne fest und starten Sie sie, um mit der Werbung für Ihre Inhalte auf LinkedIn zu beginnen. Mit Tracking- und Analysetools können Sie die Leistung Ihrer Anzeigen überwachen und bei Bedarf Anpassungen vornehmen.

Insgesamt gibt es viele verschiedene Strategien, die Sie ausprobieren können, wenn Sie LinkedIn-Gruppen für Content Marketing nutzen möchten. Indem Sie Ihre eigenen Gruppen erstellen, an bestehenden Gruppen teilnehmen und bezahlte Werbung für Ihre Inhalte einsetzen, können Sie ein breites Publikum erreichen und die Effektivität Ihrer Marketingbemühungen erhöhen.

Schreiben Sie ein Buch

Ein Buch zu schreiben mag wie eine beängstigende Aufgabe erscheinen, aber es kann sehr lohnend sein. Sie werden nicht nur ein fertiges Produkt vorweisen können, sondern auch wertvolle Inhalte, die Sie an Ihr Publikum vermarkten können. In diesem Kapitel gehen wir auf die verschiedenen Möglichkeiten ein, ein Buch zu schreiben, von der Gliederung und Recherche bis hin zur Bearbeitung und Veröffentlichung. Außerdem schauen wir uns an, wie Sie Ihr Buch als Content-Marketing-Instrument optimal nutzen können.

Warum ein Buch als Content-Marketing-Instrument?

Bücher gibt es schon seit Jahrhunderten, und in dieser Zeit waren sie lange einer der wertvollsten Gegenstände, die ein Mensch besitzen konnte. Dies ist auch heute noch der Fall. Und dafür gibt es eine Reihe von Gründen, allen voran die Tatsache, dass Bücher eine Quelle des Wissens und der Information sind. Sie bieten Einblicke in eine Vielzahl von Themen, von Geschichte über Wissenschaft bis hin zu Literatur. Und schließlich gehören Bücher zu den wenigen Gegenständen, die von Generation zu Generation weitergegeben werden können und somit sowohl als Quelle der Nostalgie als auch des Lernens für künftige Generationen dienen. Kurz gesagt: Bücher sind seit

Jahrhunderten wertvoll, und ein veröffentlichter Autor zu sein, ist seit Generationen ein Zeichen von Prestige.

In Anbetracht all dieser Faktoren ist es kein Wunder, dass Bücher zu einem wertvollen Instrument für das Content Marketing geworden sind. Ganz gleich, ob Sie über ein Thema aus Ihrem Fachgebiet schreiben oder einfach Ihre persönliche Geschichte mit der Welt teilen, die Veröffentlichung eines Buches kann Ihnen helfen, Glaubwürdigkeit und Vertrauen bei potenziellen Kunden und Klienten aufzubauen. Wenn Sie es gut machen, kann ein Buch als Visitenkarte dienen, die es Ihnen ermöglicht, sich als Experte auf Ihrem Gebiet zu etablieren und mit Gleichgesinnten in Kontakt zu treten.

Bücher öffnen Türen. Unabhängig davon, ob Sie ein Buch im Selbstverlag veröffentlichen oder mit einem traditionellen Verlag zusammenarbeiten, bietet Ihnen ein eigenes Buch die Möglichkeit, mit einem neuen Publikum in Kontakt zu treten, Vorträge zu halten und Ihre Glaubwürdigkeit auf Ihrem Gebiet zu steigern.

Stellen Sie sich folgendes Szenario vor: Sie betreiben ein Restaurant, haben ein Problem mit niedrigen Gästezahlen und können nicht herausfinden, was Sie falsch machen. Also suchen Sie nach einem Berater, der Ihnen helfen kann, Ihr Unternehmen zu retten. Nach ein wenig Recherche finden Sie einen Consultant, der wirklich ziemlich kompetent aussieht. Er trägt einen Anzug und eine Krawatte und versichert Ihnen, dass er Ihnen helfen kann. Sie recherchieren weiter und finden einen anderen Berater, der mehrere Bücher über die Rettung von Restaurants geschrieben hat. Für wen würden Sie sich entscheiden? Vermutlich für den veröffentlichten Autor, nicht wahr?

Wenn Sie also Ihre eigene Glaubwürdigkeit als Experte auf Ihrem Gebiet steigern wollen, könnte die Veröffentlichung eines Buches der perfekte Weg dazu sein. Ganz gleich, ob Sie Selbständiger, Freiberufler oder Unternehmer sind, ein eigenes Buch kann Sie von der Masse abheben und Ihnen helfen, Vertrauen bei potenziellen Kunden und Klienten aufzubauen. Indem Sie sich die Macht des Content Marketing zunutze machen, können Bücher Ihnen Türen öffnen, die Ihnen bisher vielleicht verschlossen waren, und Ihnen helfen, Ihre beruflichen Ziele zu erreichen. Und wer weiß - vielleicht werden Sie eines Tages sogar in eine Talkshow im Fernsehen, im Radio oder in einen Podcast eingeladen, um Ihr Buch zu promoten, was Ihrem Namen und Ihrer Marke noch mehr Glaubwürdigkeit verleiht. Mit der richtigen Herangehensweise kann das Verfassen eines Buches ein unschätzbares Werkzeug für den Erfolg im Content Marketing sein!

Sind Sie also bereit, ein Buch zu schreiben und Ihre Glaubwürdigkeit als Content-Marketer zu steigern? Dann befolgen Sie einfach die folgenden Tipps, um loszulegen.

Wie man ein Buch schreibt

Wie gehen Sie nun vor, um ein Buch zu schreiben? Es gibt viele verschiedene Ansätze und Methoden, die Sie anwenden können, von der Gliederung und Recherche bis zur Bearbeitung und Veröffentlichung. Einige Tipps, die Sie beim Schreiben eines Buches beachten sollten, sind:

Beginnen Sie mit einer starken Idee und soliden Recherchen
Ähnlich wie bei anderen Content-Marketing-Ansätzen liegt der Schlüssel zum Erfolg eines Buches darin, mit einer starken Idee zu beginnen. Dabei kann es sich um ein Thema handeln, das Ihnen am Herzen liegt, oder um ein Gebiet, auf dem Sie über besondere Fachkenntnisse verfügen. Was auch immer Ihr Thema ist, stellen Sie sicher, dass es Ihre Zielgruppe anspricht und das Potenzial hat, sie zu begeistern und zu informieren.

Sobald Sie Ihr Thema gefunden haben, müssen Sie sich eine Struktur für Ihr Buch ausdenken. Dies kann bedeuten, dass Sie die Hauptabschnitte des Buches skizzieren und jedes Kapitel mit spezifischen Themen und Unterthemen ausstatten. Vielleicht möchten Sie auch über einen bestimmten Stil oder ein bestimmtes Format nachdenken, wie z.B. Anleitungen oder Memoiren.

Bevor Sie mit dem Schreiben beginnen, ist es wichtig, dass Sie auch einige Recherchen zu Ihrem Thema anstellen. Dazu gehören die Lektüre anderer Bücher auf Ihrem Gebiet, Interviews mit

Experten und das Sammeln von Statistiken und Daten, die Ihre Argumente oder Erkenntnisse stützen. Dieser Schritt hilft Ihnen nicht nur, Ihre eigenen Ideen und Argumente zu verfeinern, sondern liefert auch wertvolle Inhalte für das Buch selbst.

Sehen Sie sich auch die Bücher anderer Autoren in Ihrem Fachgebiet an, die dasselbe Thema behandeln. Worüber haben sie geschrieben? Wie sind die Kritiken ihrer Leser? Haben sie etwas in ihren Büchern übersehen? Wie können Sie eine bessere Version der Bücher schreiben? Es ist wichtig, dass Sie deren Ideen nicht kopieren. Aber es ist immer gut, sich anzuschauen, was bereits geschrieben wurde, und Ihre eigene, bessere Version zu erstellen.

Schreiben Sie regelmäßig

Es gibt viele verschiedene Ansätze, die Sie beim Schreiben eines Buches wählen können, je nach Ihren Zielen und Vorlieben. Wie auch immer Sie vorgehen, es ist wichtig, dass Sie regelmäßig und konsequent schreiben. Das kann bedeuten, dass Sie sich jeden Tag oder jede Woche eine bestimmte Zeit nehmen, um an Ihrem Buch zu arbeiten, oder dass Sie den Schreibprozess in kleinere Abschnitte unterteilen, z.B. Kapitel oder Abschnitte auf einmal schreiben. Welche Methode Sie auch immer wählen, bleiben Sie dabei, bis Ihr Buch fertig ist.

Wenn Sie jeden Tag 1000 Wörter schreiben, kommen Sie in nur 50 Tagen auf eine Wortzahl von 50.000 Wörtern (was einem Buch von etwa 275 Seiten entspricht). Wenn das zu viel für Sie ist, ist das absolut in Ordnung. Schreiben Sie nur 300 Wörter pro Tag und erreichen Sie einen fertigen ersten Entwurf Ihres Buches in weniger als einem halben Jahr.

Vergessen Sie nicht, dass Sie zum Schreiben auch Spracherkennung verwenden können. Und 300 Wörter sollten wirklich für jeden machbar sein. Ich persönlich ziehe es vor, 1000 Wörter und mehr zu schreiben, einfach weil es kaum einen Anreiz gibt, aufzuhören, wenn ich einmal angefangen habe zu schreiben, und ich meinen ersten Entwurf in viel kürzerer Zeit fertigstellen kann.

Eine gute Methode, um zu einem fertigen Buch zu kommen, ist es, es zu Beginn in Kapitel aufzuteilen und diese dann in Unterpunkte zu unterteilen. Nehmen wir an, Ihr Buch ist in 12 Kapitel gegliedert, dann hat jedes Kapitel etwa 4.150 Wörter. Wenn Sie nun jedes Kapitel in 8 Zwischenüberschriften aufteilen, haben Sie 520 Wörter pro Zwischenüberschrift. Eine schöne tägliche Wortzahl, an der Sie arbeiten können. Das bringt Sie in weniger als 100 Tagen zu Ihrem fertigen Buch.

Bearbeiten und verfeinern Sie Ihre Arbeit sorgfältig

Dies ist ein wichtiger Schritt, um sicherzustellen, dass Ihr Buch gut geschrieben, ansprechend und frei von Fehlern ist. Unabhängig davon, ob Sie sich Feedback von anderen Autoren oder Redakteuren einholen oder das Buch einfach selbst durchgehen und bei Bedarf überarbeiten, ist es wichtig, dass Sie sich die Zeit nehmen, Ihre Arbeit sorgfältig zu überprüfen und zu überarbeiten.

Beginnen Sie also nach der Fertigstellung Ihres ersten Entwurfs am Anfang Ihres Buches und überarbeiten Sie jeden einzelnen Satz sorgfältig. Suchen Sie nach Möglichkeiten, den Fluss Ihres Textes zu verbessern, korrigieren Sie alle Grammatik- und Rechtschreibfehler und stellen Sie sicher, dass jeder Abschnitt Ihr Gesamtargument oder Ihre Botschaft wirksam unterstützt.

Außerdem sollten Sie die Zusammenarbeit mit einem professionellen Lektor oder Verlagsberater in Erwägung ziehen, der Sie fachkundig beraten kann, wie Sie Ihr Buch am besten verfeinern und vermarkten können. Auf diese Weise können Sie sicherstellen, dass Ihr Buch so erfolgreich wie möglich ist, sobald es veröffentlicht ist.

Erwägen Sie Veröffentlichungsoptionen

Wenn Sie Ihr Buch geschrieben und redigiert haben, gibt es eine Reihe von Veröffentlichungsmöglichkeiten. Je nach Ihren Zielen, Ihrem Budget und Ihrem Zeitplan können Sie Ihr Buch im Selbstverlag veröffentlichen oder mit einem traditionellen Verlag zusammenarbeiten. Welchen Weg Sie auch immer einschlagen, stellen Sie sicher, dass Sie sich gut informieren und die Option wählen, die am besten zu Ihren Bedürfnissen und Zielen passt.

Schließlich sollten Sie, nachdem Sie Ihr Buch geschrieben haben, dafür sorgen, dass es auf die eine oder andere Weise veröffentlicht wird. Zu viele Bücher bleiben in der Schublade liegen und erblicken nie das Licht der Welt. Und da Self-Publishing heutzutage weit verbreitet ist, gibt es wirklich keine Ausrede mehr, etwas nicht zu veröffentlichen, in das Sie so viel Zeit und Arbeit investiert haben.

Geben Sie Ihrem Buch einen angemessenen Wert

Wie immer beim Content Marketing ist es auch beim Schreiben eines Buches wichtig, dass Sie Ihr Publikum im Auge behalten. Unabhängig davon, ob Sie sich für eine Selbstveröffentlichung oder die Zusammenarbeit mit einem traditionellen Verlag entscheiden, sollten Sie darauf achten, dass Sie Ihrem Buch einen angemessenen Wert verleihen und die Zeit und die Ressourcen investieren, die für ein ansprechendes und gut geschriebenes Produkt erforderlich sind. So können Sie sicherstellen, dass Ihr Buch bei Ihrer Zielgruppe Anklang findet und Ihre Marketingziele erreicht.

Self-Publisher versus traditioneller Verlag

Wenn es darum geht, ein Buch zu veröffentlichen, ist eine der ersten Entscheidungen, die Sie treffen müssen, ob Sie sich für einen Self-Publisher oder einen traditionellen Verlag entscheiden. Diese Entscheidung kann von einer Vielzahl von Faktoren abhängen, darunter Ihr Budget und Ihr Zeitplan sowie Ihre allgemeinen Ziele für das Buch.

Self-Publishing

Im Allgemeinen kann das Selbstverlagsverfahren eine gute Option sein, wenn Sie bereits viel Erfahrung mit dem Schreiben und Veröffentlichen haben oder wenn Sie mehr Kontrolle über den kreativen Prozess haben möchten. Andererseits kann die Zusammenarbeit mit einem traditionellen Verlag die bessere Wahl sein, wenn Sie während des Schreibprozesses zusätzliche Unterstützung und Anleitung suchen.

Unabhängig davon, für welchen Ansatz Sie sich entscheiden, ist es wichtig, dass Sie recherchieren und Ihre Optionen sorgfältig abwägen, bevor Sie eine Entscheidung treffen. Auf diese Weise können Sie sicherstellen, dass Sie den Weg wählen, der Ihnen am ehesten hilft, Ihre Content-Marketing-Ziele zu erreichen.

Einige der bekanntesten Print-on-Demand-Anbieter sind:

- Amazon Kindle Direct Publishing (KDP) https://kdp.amazon.com - Ihre "Print-on-Demand"-Lösung heißt CreateSpace und ist Teil von Amazon Services LLC, ihr anderer "Print-on-Demand"-POD-Anbieter heißt Ingram Spark
- Bookbaby https://www.bookbaby.com - Hauptsitz in Philadelphia, PA/USA.
- BoD http://www.bod.de - Hauptsitz in Norderstedt bei Hamburg/Deutschland mit mehreren Niederlassungen in Deutschland und Österreich, um Autoren während des Produktionsprozesses ihrer Bücher zu unterstützen (Lektorat, Coverdesign, Korrekturfahnen, Papierqualität usw.).
- tredition http://www.tredition.de - Hauptsitz in Hamburg/Deutschland mit Niederlassungen in der ganzen Welt (USA, Indien und Afrika). Ihr Ziel ist es, Autoren aus aller Welt zu veröffentlichen. Das Unternehmen wurde von ehemaligen Autoren gegründet und kennt daher die Bedürfnisse von Autoren sehr gut. Die Website ist auf Englisch und Deutsch verfügbar.

- epubli https://www.epubli.de/ - Hauptsitz in Berlin/Deutschland. Sie bieten einen sehr guten Service und eine ausgezeichnete Qualität der Bücher, die sie produzieren. Ein Autor sagte: "Haben Sie keine Angst, Ihr erstes Buch zu veröffentlichen. Sie werden bei epubli wunderbare Menschen finden, die während des gesamten Prozesses für Sie arbeiten und großartige Arbeit leisten."
- XinXii https://www.xinxii.com/de - Hauptsitz in Deutschland mit Niederlassungen auf der ganzen Welt. Spezialisiert auf E-Books und e-audiobooks.
- Xlibris http://www.xlibrispublishing.co.uk - Hauptsitz in London/Großbritannien, aber mit Niederlassungen auf der ganzen Welt (z.B. USA und Indien). Gegründet von einem indischen Autor, konzentriert sich das Unternehmen auf Autoren aus Ländern, in denen traditionelle Verlage noch nicht vertreten sind.

Unabhängig davon, für welche Verlagsoption Sie sich entscheiden, ist es wichtig, dass Sie recherchieren und die Vor- und Nachteile der einzelnen Optionen sorgfältig abwägen, bevor Sie eine endgültige Entscheidung treffen. Auf diese Weise können Sie sicherstellen, dass Sie den Weg wählen, der Ihnen am ehesten hilft, Ihre Content-Marketing-Ziele zu erreichen. Keine Angst, es gibt viele Anbieter, die Ihnen beim Schreiben und Veröffentlichen Ihrer Bücher helfen können!

Traditionelles Publizieren

Es hat viele Vorteile, mit einem traditionellen Verlag zusammenzuarbeiten, wenn es um das Schreiben eines Buches geht. Zum einen kann er Sie während des Schreibprozesses umfassend unterstützen und Ihnen dabei helfen, Ihre Inhalte zu verbessern und zu verfeinern. Außerdem verfügt er möglicherweise über Verbindungen innerhalb der Verlagsbranche, die Ihnen helfen können, mit Ihrem Buch ein größeres Publikum zu erreichen.

Schließlich verfügen traditionelle Verlage in der Regel über ein größeres Budget und mehr Ressourcen für die Werbung für Ihr Buch, was Ihnen dabei helfen kann, die Wirkung Ihres Buches als Content-Marketing-Instrument zu maximieren.

Die Zusammenarbeit mit einem traditionellen Verlag ist jedoch nicht für jeden die beste Option. Zum Beispiel kann es sein, dass Sie bestimmte Änderungen an Ihrem Inhalt vornehmen oder ihn innerhalb eines unflexiblen Zeitrahmens einreichen müssen, was nicht unbedingt ideal ist, wenn Sie bestimmte Ziele oder Fristen im Auge haben.

Außerdem ist natürlich nicht garantiert, dass der Verlag Ihr Buch auch veröffentlichen wird. Traditionelle Verlage verdienen ihr Geld mit dem Verkauf von Büchern. Wenn Sie also nicht bereits eine Berühmtheit oder zumindest bekannt sind und wahrscheinlich zu Shows wie Markus Lanz eingeladen werden, könnte das Risiko für diese Unternehmen einfach zu hoch sein. Selbst Joane K. Rowling wurde von 12 Verlagen abgelehnt, bevor sie einen fand, der bereit war, das Risiko einzugehen. Man kann sich also leicht vorstellen, dass es für uns - weniger talentierte Autoren - noch frustrierender sein muss.

Wenn die großen Verlage Ihnen trotzdem eine Chance geben, dann können Sie davon ausgehen, dass Sie nicht die beste Behandlung erfahren werden. In der Regel wird man von Ihnen erwarten, dass Sie Ihr Buch selbst vermarkten. Da kommt das Content Marketing mit einer großen E-Mail-Marketingliste oder einem großen Publikum in den sozialen Medien gerade recht! Das nur nebenbei.

Der große Vorteil einer Veröffentlichung bei einem der großen Namen ist natürlich das Prestige, das damit verbunden ist.

Letztendlich hängt die Entscheidung, ob Sie mit einem traditionellen Verlag zusammenarbeiten oder Ihr Buch im Selbstverlag veröffentlichen, von Ihren individuellen Bedürfnissen und Vorlieben sowie von den einzigartigen Qualitäten und Anforderungen der einzelnen Verlagsoptionen ab. Wenn Sie sich jedoch gut informieren und die Vor- und Nachteile der einzelnen Möglichkeiten sorgfältig abwägen, können Sie sicherstellen, dass Sie den Weg wählen, der Ihnen am ehesten hilft, Ihre Ziele im Bereich Content Marketing zu erreichen.

Werbung für Ihr Buch

Wenn Sie alle oben genannten Punkte erledigt haben, ist es an der Zeit, Ihr Buch auf den Markt zu bringen. Die Werbung für Ihr Buch kann ein wichtiger Teil Ihres eigenen Content-Marketings sein, und es gibt viele verschiedene Möglichkeiten, Ihr Buch effektiv zu bewerben. Einige Strategien, die Sie in Betracht ziehen sollten, sind der Aufbau einer starken Online-Präsenz über soziale Medien oder Blogging-Plattformen, die Zusammenarbeit mit anderen Autoren oder Vordenkern auf Ihrem Gebiet und die Nutzung der Macht von Influencern, um Ihr Buch bekannt zu machen.

Um Ihr Buch effektiv zu bewerben, benötigen Sie natürlich auch ein Marketingbudget und die Möglichkeit, diesem Aspekt Ihrer Content-Marketing-Bemühungen Zeit und Ressourcen zu widmen. Wenn Sie jedoch Ihre Gewinnspanne aus dem Buch für Marketing- und Werbezwecke verwenden, kann dies ein äußerst effektiver Weg sein, Ihre Zielgruppe zu erreichen und die Bindung an Ihre Marke zu erhöhen.

Wie immer beim Content Marketing gilt: Erwarten Sie nicht, mit dem Verkauf Ihrer Inhalte (in diesem Fall Ihres Buches) Geld zu verdienen, sondern nutzen Sie es, um eine Beziehung zu einer Person aufzubauen, die sich für die von Ihnen angebotenen Dienstleistungen interessiert. Nutzen Sie das Buch als Türöffner und pflegen Sie diese Beziehung im Laufe der Zeit. Irgendwann in der Zukunft wird sich diese Person in einer Situation befinden, in der sie das Produkt oder die Dienstleistung, die Sie anbieten, kaufen muss. Und dann besteht eine gute Chance, dass sie bei Ihnen kauft.

Mit der richtigen Strategie und Herangehensweise können Sie also dafür sorgen, dass Ihr Buch als wertvolles Content-Marketing-Instrument für Ihre Marke oder Ihr Unternehmen maximale Wirkung erzielt. Warum beginnen Sie nicht noch heute mit einem Brainstorming darüber, wie Sie Ihr Buch auf eine Weise promoten können, die mit Ihrer allgemeinen Content-Marketing-Strategie übereinstimmt?

Erstellen Sie ein Hörbuch

Jetzt, wo Sie Ihr Buch geschrieben und veröffentlicht haben, könnten Sie auch darüber nachdenken, es als Hörbuch aufzunehmen. Und warum? Anbieter wie Audible haben Hörbücher erschwinglich gemacht, und es ist eine großartige Möglichkeit, mehr Inhalte zu verbreiten. Sie erreichen auf jeden Fall ein anderes Zielpublikum und erweitern Ihre Reichweite.

Aber wie genau erstellen Sie ein Hörbuch? Nun, es gibt ein paar Punkte, die Sie beachten sollten. In diesem Kapitel erfahren Sie, wie Sie ein professionell klingendes Hörbuch erstellen und wie Sie dieses Format vermarkten können.

Aufnahme eines Hörbuchs

Die Aufnahme eines Hörbuchs kann eine kleine Herausforderung sein, da Sie sicherstellen müssen, dass die Audioqualität hoch ist und Ihr Buch gut gelesen wird. Mit etwas Übung, Bearbeitungstools und Ratschlägen von anderen Hörbuchautoren sollten Sie jedoch in der Lage sein, ein großartiges Hörbuch zu erstellen, das die Leute gerne hören werden.

Der erste Schritt bei der Aufnahme Ihres Buches besteht darin, die richtige Ausrüstung zu finden. Vielleicht haben Sie bereits ein Mikrofon oder ein anderes Audioaufnahmegerät. Falls nicht, können Sie in erschwingliche Geräte wie ein USB-Mikrofon oder ein XLR-Mikrofon für eine bessere Klangqualität investieren. Sie benötigen außerdem eine Aufnahmesoftware wie Audacity oder GarageBand, mit der Sie Ihre Audiodateien aufnehmen und bearbeiten können. Lesen Sie das Kapitel über Podcasts, um mehr über Audioaufnahmen zu erfahren.

Sobald Sie Ihre Ausrüstung eingerichtet haben, ist es an der Zeit, mit dem Lesen Ihres Buches zu beginnen! Es ist wichtig, dass Sie eine klare und einnehmende Stimme für Ihr Hörbuch finden. Üben Sie also vorher das Lesen Ihres Buches und bitten Sie Freunde oder Familienmitglieder um Hilfe, damit sie zuhören und Ihnen Feedback geben können.

Sobald Sie mit Ihrer Aufnahme zufrieden sind, ist es an der Zeit, mit der Bearbeitung zu beginnen. Dies kann ein zeitaufwändiger Prozess sein, aber es gibt viele Tools und Techniken, mit denen Sie die Qualität Ihres Hörbuchs verbessern können. Sie können zum Beispiel Audiobearbeitungssoftware verwenden, um Fehler oder unerwünschte Geräusche herauszuschneiden und die Lautstärke der verschiedenen Abschnitte Ihres Buches anzupassen.

Auch wenn ich der Meinung bin, dass Hörbücher am besten von ihren Autoren gelesen werden, sind Sie vielleicht nicht dieser Ansicht. Vor allem, wenn Sie einen Akzent oder einen bestimmten Dialekt haben, den Sie nicht loswerden können, ist es vielleicht eine gute Idee, einen professionellen Synchronsprecher oder Sprecher zu finden, der Ihr Buch liest. Dies kann Ihrem Hörbuch ein zusätzliches Maß an Qualität und Professionalität verleihen, und Sie können sogar dieselbe Person für zukünftige Projekte verwenden.

Es ist also absolut kein Problem, jemanden zu bezahlen, der Ihr Buch für Sie liest. Wenn das der Fall ist, müssen Sie einen Sprecher finden, der Ihr Buch auf ansprechende und überzeugende Weise zum Leben erwecken kann. Sie können Online-Marktplätze wie Fiverr oder UpWork nutzen, um geeignete Synchronsprecher zu finden, und Sie können auch im Internet nach Profis suchen.

Bedenken Sie jedoch, dass Sie das natürlich Geld kostet. Aber da es sich in der Regel um professionell ausgebildete Sprecher handelt, werden Sie dafür wahrscheinlich ein großartiges Hörbuch erhalten. Vergewissern Sie sich nur, dass Sie mit der Bezahlung der Dienste auch die vollen und exklusiven Rechte an der Aufnahme erhalten und dass keine weiteren Kosten hinzukommen.

Veröffentlichen Sie Ihr Hörbuch

Sobald Ihr Hörbuch fertig ist, können Sie sich Gedanken darüber machen, wie Sie es vermarkten und so vielen potenziellen Hörern wie möglich zugänglich machen können. Sie könnten in Erwägung ziehen, eine kostenlose Hörprobe online zur Verfügung zu stellen oder Ihr Hörbuch als Teil Ihrer Marketingstrategie für die gedruckte Version Ihres Buches einzubeziehen. Es gibt auch spezielle Plattformen für den Verkauf und die Promotion von Hörbüchern, wie z.B. Audible und Bookbeat, auf denen Sie Ihr Buch anbieten und ein größeres Publikum erreichen können.

Sie können Tools wie die ACX-Plattform von Amazon verwenden, um Ihr Buch auf verschiedenen digitalen Plattformen wie Audible, Amazon und iTunes zu veröffentlichen. Allerdings ist diese spezielle Plattform derzeit im deutschsprachigen Raum nicht verfügbar - trotz der Hoffnung, dass dies bald der Fall sein wird. In jedem Fall finden Sie mit der untenstehenden Liste sicher eine gute Alternative, die Ihr Hörbuch auf allen großen Plattformen anbieten kann.

Schauen Sie sich doch einmal diese Anbieter an:

- Bookrix.de - https://www.bookrix.de/ - Deutschland
- Audiobook Creation Exchange - https://www.acx.com/ - Vereinigte Staaten
- Findaway Voices - https://www.findawayvoices.com/ - Globales Vertriebsnetz
- Feiyr - https://www.feiyr.com/ - Deutschland, Österreich und Schweiz Authors of the World

- Authorsfortheworld.net - https://www.authorsoftheworld.net/ - Vereinigte Staaten und Kanada
- Xinxii - https://www.xinxii.com/ - Globales Vertriebsnetz
- Brit Coop - https://www.britcoop.com/audiobooks - Vereinigte Staaten und Kanada
- Liberaudio - https://www.liberaudio.com/ - Globales Vertriebsnetz
- Hörbuch-Manufaktur Berlin - https://www.hoerbuch-manufaktur.de/ - Deutschland und Österreich
- LibriVox - https://librivox.org/ - Vereinigte Staaten, Kanada und Europa
- HarperCollins E-Books UK - http://www.harpercollins.co.uk/E-Books/audio-books

Lesen Sie immer die Verträge und AGBs, um zu sehen, welche Rechte Sie aufgeben, wenn Sie mit einer dieser Plattformen zusammenarbeiten. Es kann sein, dass Sie Ihr Hörbuch auf bestimmten Plattformen nicht veröffentlichen dürfen, wenn Sie dafür keine spezielle Lizenz erhalten.

Und wenn Sie einen Verleger haben, muss dieser natürlich mit dem Plan für Ihr Hörbuch einverstanden sein, da Sie wahrscheinlich viele Rechte an ihn abgetreten haben. Gehen Sie also auf Nummer sicher und fragen Sie, bevor Sie etwas unternehmen.

Als selbstveröffentlichter Autor sollten Sie normalerweise keine Probleme haben. Natürlich lohnt es sich auch hier, die Verträge zu lesen, die Sie unterschrieben haben, und im Zweifelsfall können Sie einfach eine E-Mail an den Kundenservice schicken und nachfragen, um sicherzugehen, dass Sie keine Vereinbarungen verletzen.

Ein Hörbuch wird Sie zwar mehr Geld kosten als ein normales Buch, aber Sie sollten es trotzdem in Betracht ziehen, denn mit einem professionellen Hörbuch heben Sie sich wirklich von der Masse ab. Und da sich Hörbücher immer größerer Beliebtheit erfreuen, ist jetzt definitiv ein guter Zeitpunkt, um mit der Produktion und Veröffentlichung Ihres Hörbuchs zu beginnen!

Die Macht des Fokus im Content Marketing

Wenn es um Content Marketing geht, ist es empfehlenswert, Ihre Bemühungen zu konzentrieren. Dies ermöglicht es Ihnen nicht nur, eine bestimmte Plattform besser zu verstehen und zu beherrschen, sondern auch, wirklich einzigartige und ansprechende Inhalte zu erstellen, mit denen Sie sich in Ihrem Bereich abheben. Ganz gleich, ob Sie sich auf soziale Medien, Suchergebnisse oder den Verkauf von Büchern konzentrieren, es ist wichtig, dass Sie die nötige Zeit und Mühe investieren, damit Ihre Inhalte wirklich glänzen.

Was Sie wirklich haben sollten, wenn Sie Content Marketing planen, ist eine Website und eine E-Mail-Marketingliste. Damit haben Sie eine Plattform, auf der Sie Ihre Inhalte präsentieren und andere darauf hinweisen können, während Sie gleichzeitig die Möglichkeit haben, potenzielle Kunden direkt anzusprechen. Und es lohnt sich, sich zuallererst darauf zu konzentrieren, diese beiden Elemente erfolgreich einzurichten und beide mit einer schönen Menge an Inhalten zu füllen. Danach können Sie damit beginnen, Ihren "Köder" auszulegen, der interessierte Menschen auf anderen Kanälen auf Ihre E-Mail-Liste zurückführt.

Content Marketing ist ein Marathon

Im Grunde genommen erfordert Content Marketing Hingabe und Engagement. Um Ihre Inhalte auf allen Plattformen effektiv zu vermarkten, müssen Sie bereit sein, die Zeit und Energie zu investieren, die Sie brauchen, um Ergebnisse zu erzielen. Das bedeutet, dass Sie Ihre Zielgruppe recherchieren, die spezifischen Bedürfnisse und Interessen dieser Zielgruppe verstehen und Inhalte erstellen müssen, die diese Zielgruppe wirklich ansprechen.

Es bedeutet auch, dass Sie geduldig sein müssen, denn es wird oft einige Zeit dauern, bis Sie die ersten Ergebnisse Ihrer Bemühungen sehen. Vor allem, wenn es ein Jahr oder länger dauert, bis Sie die ersten echten Ergebnisse sehen, kann es demotivierend und frustrierend sein und die Versuchung groß, aufzugeben. Aber Sie müssen weitermachen. Und wenn es nur eine Plattform ist, die Sie bedienen müssen, ist es einfacher, das zu tun.

Sobald Sie auf einer Plattform eine Fangemeinde und gute Ergebnisse erzielt haben, können Sie Ihre Bemühungen auf andere Plattformen ausweiten. Das ist viel einfacher, denn dann sind Sie bereits zu einer Marke geworden und die Menschen werden auch auf anderen Plattformen aktiv nach Ihnen suchen. Außerdem verfügen Sie dann bereits über eine ansehnliche

Austattung an Content, der sich häufig auch auf anderen Plattformen verwenden lässt.

Das heißt nicht, dass Sie nicht auf allen Plattformen ein Konto eröffnen sollten. Ganz im Gegenteil. Sie werden die Konten eröffnen wollen, damit niemand sie unter Ihrem Namen eröffnet, sobald Sie bekannter werden. Aber es ist am besten, wenn Sie den Großteil Ihrer Bemühungen auf nur einige wenige Plattformen konzentrieren.

Expandieren Sie später

Gleichzeitig ist es auch wichtig zu überlegen, wie Sie Ihre Inhalte auf andere Plattformen ausweiten können. Wenn Sie sich zum Beispiel auf Suchergebnisse konzentrieren, könnten Sie darüber nachdenken, organische Beiträge in den sozialen Medien zu veröffentlichen, die auf Ihre Inhalte verweisen und Ihre Marke aufbauen. Oder wenn Sie sich auf den Verkauf von Büchern konzentrieren, könnten Sie versuchen, zunächst kürzere Inhalte online zu veröffentlichen, um Interesse und eine Fangemeinde aufzubauen, bevor Sie Ihr Buch veröffentlichen.

Es kann auch sinnvoll sein, mehr als eine Plattform gleichzeitig zu bedienen, solange sie sich ähneln oder leicht bedient werden können. Wenn Sie z.B. an Ihrem Blog oder Ihrer Website arbeiten, könnten Sie in Erwägung ziehen, auf soziale Medienplattformen wie Pinterest oder Instagram zu expandieren, da Sie dort nur Bilder posten müssen, die Sie wahrscheinlich ohnehin auf Ihrem Blog benötigen. Sie können auch einen Link und eine Vorschau auf jeden neuen Inhalt auf Ihrer Facebook-Seite und auf Twitter posten. Es wäre jedoch schwierig, zusätzlich einen YouTube-Kanal zu eröffnen. Es ist also nicht allzu viel Arbeit, dort Konten zu eröffnen und sie einfach nebenbei zu betreiben, ohne viel Geld oder Mühe zu investieren.

Aber wenn Sie wirklich alle Kanäle professionell bedienen würden, einschließlich Podcasts, YouTube, Bücher, Website, E-Mails und all die verschiedenen Social Media-Plattformen, dann wären Sie wahrscheinlich den ganzen Tag beschäftigt.

Zusammenfassend lässt sich sagen, dass Sie sich nur auf eine oder wenige Plattformen gleichzeitig konzentrieren sollten, um das Beste aus Ihren Content-Marketing-Bemühungen herauszuholen. Wenn Sie kreativ und strategisch vorgehen, wie Sie die einzelnen Plattformen bedienen, und wenn es angebracht ist, auch andere Plattformen nutzen, können Sie Ihre Online-Präsenz ausbauen und mit all Ihren Bemühungen gute Ergebnisse erzielen.

Bezahlte Anzeigen und Content Marketing

Das ultimative Ziel von Content Marketing ist es, für ein Publikum so nützlich zu sein, dass Sie nicht für Werbung bezahlen müssen. Die großen Plattformen wie Facebook, Instagram, Twitter und so weiter existieren jedoch aufgrund von Werbeanzeigen. Und wer würde für Anzeigen bezahlen, wenn nicht Unternehmen? Es ist also klar, dass seitens der Social Media Unternehmen keine Motivation besteht, Ihr Unternehmen kostenlos einer großen Zielgruppe zu präsentieren.

Wenn Sie mich fragen, ist das einer der Gründe, warum es manchmal so lange dauert, um bei Google weit oben zu ranken: man will Google Ads an Sie verkaufen. Und Facebook beschränkt die Reichweite sogar bei den Followern Ihrer eigenen Facebook Gruppe. Das bedeutet, dass Sie normalerweise einen kleinen Betrag zahlen müssen, damit Ihr Beitrag auf Ihrer Facebook-Seite Ihren eigenen Fans angezeigt wird. Das ist natürlich ein weiterer guter Grund, sich auf E-Mail-Marketing zu fokussieren oder Ihr Publikum direkt auf Ihre Website zu schicken, anstatt auf Ihre Facebook-Seite - oder ein anderes Social Media-Konto.

Die große Frage lautet also: Sollten Sie bezahlte Anzeigen nutzen, um Ihre Inhalte zu bewerben? Und die Antwort lautet: absolut ja. Vergewissern Sie sich jedoch, dass sich dies auch lohnt. Warum sollten Sie für einen hochkarätigen Artikel zu einem Thema bezahlen, das so vielen Menschen Probleme bereitet? Die Absicht

Ihrer Leser könnte einfach nur informativ sein und Sie werden am Ende dafür bezahlen, dass jemand einen Artikel liest, von dem er profitiert und die Social Media-Plattform profitiert, aber Sie nicht.

Ich empfehle Ihnen daher, offen und bereit zu sein, für Anzeigen zu bezahlen, aber nur für solche, die direkt zu Leads führen. Das heißt: Es ist in Ordnung, zu bezahlen, wenn man den Besucher dadurch zu einer Squeeze Page mit einem Lead Magneten führt, auf der er sich für Ihre E-Mail-Marketingliste anmeldet. Auf diese Weise haben Sie die E-Mail-Adresse des Besuchers und können ihn über ein Medium ansprechen, von dem Sie wissen, dass es (so gut wie) kostenlos bleibt. Bezahlen sollten Sie hingegen nicht, um mehr Abonnenten für Ihre Facebook-Seite zu gewinnen, denn dann müssen Sie erneut bezahlen, um dieses mit Ihren Inhalten zu erreichen. Und zahlen Sie besser auch nicht, um mehr YouTube-, Instagram- oder Twitter-Follower zu bekommen.

Das ultimative Ziel ist es letztlich, eine Autorität zu werden, ohne dafür Geld ausgeben zu müssen. Aber natürlich kann ein kleines Werbebudget dazu beitragen, diesen Prozess zu beschleunigen.

Denken Sie daran, die Leads, für die Sie in Ihrem E-Mail-Marketing-Service bezahlen, genau zu segmentieren, damit Sie wissen, ob es sich lohnt, Geld für diese Art von Leads auszugeben. Was Sie wissen möchten, ist:

- Welche Social Media-Plattform, Werbekampagne und Landing Page hat den Besucher dazu gebracht, Sie zu abonnieren?
- Öffnen/lesen diese Benutzer Ihre E-Mails?
- Klicken sie auf die Links in Ihren E-Mails?
- Führen sie zu Verkäufen oder Affiliate-Einnahmen?

Wenn Sie also das Budget haben und bereit sind, Geld für Anzeigen auszugeben, die direkt zu Ihrem Verkaufsfunnel führen, dann nur zu! Ich würde sogar sagen, dass dies der beste Weg ist, um für Ihre Inhalte zu werben: indem Sie bereit sind, für Anzeigen zu zahlen, die direkt zu Leads führen. Ihr Ziel ist es nicht, so viele Likes, Follower und Abonnenten wie möglich zu haben. Letztendlich geht es darum, Ihrem Publikum einen Mehrwert zu bieten und im Gegenzug mehr Geld zu verdienen. Aber stellen Sie sicher, dass Sie die Anzeigen tracken können und wissen, dass sie sich am Ende auszahlen.

Wenn Sie andererseits kein Geld für Anzeigen ausgeben möchten, dann machen Sie sich keine Sorgen: Sie können trotzdem ein großartiger Content-Marketer sein. Das Einzige, was Sie tun müssen, ist Zeit, Energie und Ressourcen in die Erstellung wertvoller Inhalte zu investieren. Das mag zwar länger dauern als bezahlte Anzeigen, aber es zeigt Ihrem Publikum, dass Sie sich um es kümmern und dass Ihnen sein Wohl am Herzen liegt. Und allein dadurch bauen Sie Ihre Autorität auf und positionieren sich als Vordenker in Ihrer Nische, was letztlich der

Sinn hinter jeder Content-Marketing-Strategie ist. Letztendlich geht es nicht darum, wie viele Likes oder Follower Sie haben, sondern darum, ob Sie Ihrem Publikum einen Mehrwert bieten und im Gegenzug Geld damit verdienen können.

Öffentlichkeitsarbeit / PR

Öffentlichkeitsarbeit und Content Marketing sind zwei sehr unterschiedliche, aber voneinander abhängige Disziplinen, die jeweils ihre eigenen Stärken und Schwächen haben. Einerseits erfordert die Öffentlichkeitsarbeit ein ausgeprägtes Verständnis dafür, wie man mit den Medien zusammenarbeitet, um die Botschaft Ihres Unternehmens oder Ihrer Organisation zu verbreiten. Andererseits ermöglicht Ihnen das Content Marketing einen direkteren Ansatz zum Aufbau von Beziehungen und zur Steigerung des Bekanntheitsgrades Ihrer Marke.

Es gibt eine Reihe von Unterschieden zwischen Public Relations[18] und Content Marketing. Der erste besteht darin, dass Public Relations im Allgemeinen mehr auf die externe Kommunikation ausgerichtet ist, während Content Marketing sich in erster Linie auf die interne Kommunikation konzentriert. Bei der Öffentlichkeitsarbeit versuchen Sie, mit Medienvertretern oder anderen Multiplikatoren in Kontakt zu treten, um diese dazu zu bringen, positiv über Ihr Unternehmen oder Ihre Marke zu

[18] Öffentlichkeitsarbeit

berichten. Beim Content Marketing hingegen arbeiten Sie daran, Beziehungen zu Ihrer Zielgruppe aufzubauen, indem Sie wertvolle Informationen liefern und originelle, ansprechende Inhalte erstellen.

Ein weiterer wesentlicher Unterschied besteht darin, dass bei der Öffentlichkeitsarbeit häufig Geschichten an Journalisten oder Redakteure herangetragen werden, während sich das Content Marketing in der Regel auf die Erstellung von Inhalten für die Zielgruppe selbst konzentriert.

Pitching[19] ist zwar ein wesentlicher Bestandteil der Öffentlichkeitsarbeit, kann aber ablenken und zeitaufwendig sein. Trotz allem führt es nicht immer zu den gewünschten Ergebnissen. Beim Content Marketing hingegen können Sie sich mehr auf die Erstellung wertvoller Inhalte konzentrieren, die Ihnen helfen, Ihre Ziele zu erreichen, ohne durch Pitching abgelenkt zu werden.

Es gibt jedoch auch viele Gemeinsamkeiten zwischen Public Relations und Content Marketing. Die wichtigste ist, dass beide Disziplinen das Ziel verfolgen, den Bekanntheitsgrad Ihrer Marke oder Ihres Unternehmens zu erhöhen. Um mit beiden Ansätzen erfolgreich zu sein, ist es wichtig, starke Beziehungen aufzubauen und hochwertige Inhalte zu erstellen, die bei Ihrer Zielgruppe

[19] Journalisten darauf aufmerksam machen, dass sie das gewünschte Thema behandeln sollten.

Anklang finden. Wenn Sie die wichtigsten Unterschiede und Gemeinsamkeiten zwischen Public Relations und Content Marketing verstehen, können Sie beide Ansätze besser nutzen, um Ihre Geschäftsziele zu erreichen.

Unabhängig davon, ob Sie mit den Medien zusammenarbeiten oder Inhalte für Ihr eigenes Publikum erstellen, ist es wichtig, die einzigartigen Stärken und Schwächen von Public Relations und Content Marketing zu kennen, um sich in dieser dynamischen Landschaft erfolgreich bewegen zu können. Mit starken Kommunikationsfähigkeiten, Kreativität und einem Engagement für qualitativ hochwertige Inhalte können Sie diese beiden Disziplinen gemeinsam nutzen, um eine starke Grundlage für den Erfolg Ihres Unternehmens oder Ihrer Organisation zu schaffen.

Pressemitteilungen

Mit Pressemitteilungen können Sie Informationen über Ihr Unternehmen weitergeben, die die Aufmerksamkeit von Journalisten erregen und möglicherweise zu einer Berichterstattung in größeren Publikationen oder im Fernsehen führen. Pressemitteilungen werden in der Regel per E-Mail an Journalisten verschickt und enthalten wichtige Informationen über Ihr Unternehmen, z.B. über die Einführung neuer Produkte,

Werbeaktionen, Partnerschaften oder andere wichtige Meilensteine.

Einer der größten Vorteile von Pressemitteilungen ist, dass sie dazu beitragen können, den Bekanntheitsgrad und die Sichtbarkeit Ihrer Marke zu erhöhen. Sie können eine gute Möglichkeit sein, sich als Experte auf Ihrem Gebiet zu etablieren, indem Sie exklusive Informationen und Einblicke liefern, die für Journalisten in Ihrer Branche relevant sind.

Es gibt jedoch auch einige potenzielle Nachteile, die mit der Verwendung von Pressemitteilungen verbunden sind. Zunächst einmal werden sie häufig dazu benutzt, spammige Backlinks darin zu platzieren und sie dann in zahlreichen kostenlosen Online-Verzeichnissen für Pressemitteilungen zu veröffentlichen. Tun Sie das nicht. Dadurch wird Ihre Website im Ranking herabgestuft, weil Google Sie für einen Spammer hält. Wenn Sie Pressemitteilungen nicht strategisch einsetzen oder sie zu häufig verschicken, können Sie Journalisten verärgern und Ihr Publikum verprellen. Außerdem kann es schwierig sein, die Aufmerksamkeit von Journalisten zu gewinnen, die täglich mit Hunderten von Pressemitteilungen bombardiert werden.

Um Pressemitteilungen effektiv zu nutzen, ist es wichtig, den Zeitpunkt und den Inhalt Ihrer Pressemitteilung sowie die beste Art und Weise, wie Sie die Journalisten erreichen, sorgfältig abzuwägen. Wenn Sie sich an die richtigen Publikationen wenden und Ihre Pressemitteilung an die richtigen Kontakte weiterleiten, können Sie Ihre Chancen auf eine Medienberichterstattung, die Ihr Unternehmen oder Ihre Organisation bekannt macht, deutlich erhöhen.

Pressemitteilungen werden zwar immer einen Platz in der Öffentlichkeitsarbeit haben, aber es gibt einen neuen Mitstreiter, und der heißt Haro. Schauen wir es uns an.

Help a Reporter Out

(HARO) ist eine Website, die es Benutzern ermöglicht, mit Journalisten in Kontakt zu treten, die auf der Suche nach Quellen und Experten für ihre Artikel sind. Das Ziel von HARO ist es, Journalisten dabei zu helfen, gute und zuverlässige Quellen für ihre Artikel zu finden, und gleichzeitig Fachleuten aus verschiedenen Branchen zu helfen, mit ihrem Fachwissen ein neues Publikum zu erreichen.

Einer der Hauptvorteile von HARO ist, dass Sie die Möglichkeit haben, sich als Experte in Ihrer Branche zu etablieren, was Ihre Glaubwürdigkeit und Ihren Bekanntheitsgrad erhöhen kann. Indem Sie Reportern, die nach Quellen suchen, wertvolle Informationen zur Verfügung stellen, können Sie sich als Vordenker etablieren und Beziehungen zu Medienvertretern aufbauen.

Darüber hinaus können Sie mit HARO neue Zielgruppen erreichen, indem Sie mit Journalisten in Kontakt treten, die Ihr Unternehmen oder Ihre Organisation vielleicht noch nicht kennen. Indem Sie Experten und Quellen für deren Artikel zur Verfügung stellen, können Sie den Bekanntheitsgrad und die Sichtbarkeit Ihrer Marke erhöhen und eine Medienberichterstattung generieren, die zur Förderung Ihres Unternehmens oder Ihrer Organisation beiträgt.

Es gibt jedoch auch einige potenzielle Fallstricke, die Sie bei der Nutzung von HARO zur Kontaktaufnahme mit den Medien beachten sollten. Wenn Sie zum Beispiel nicht aufpassen, kann Ihr Beitrag von den Medienvertretern abgelehnt oder ignoriert werden. Außerdem kann es schwierig sein, in einem hart umkämpften und überfüllten Feld die Aufmerksamkeit eines Journalisten zu gewinnen.

Insgesamt kann HARO wertvolle Möglichkeiten für Fachleute bieten, die ihr Fachwissen unter Beweis stellen und ihren Bekanntheitsgrad steigern möchten. Indem Sie mit Journalisten in Kontakt treten und hochwertige Inhalte für Ihre Zielgruppe erstellen, können Sie HARO nutzen, um Ihren Ruf zu stärken und starke Beziehungen aufzubauen, die Ihnen helfen, Ihre Geschäftsziele zu erreichen. Unabhängig davon, ob Sie Kontakte zu den Medien knüpfen oder Ihre Marke bekannt machen möchten, kann das Verständnis der wichtigsten Unterschiede und Gemeinsamkeiten zwischen Public Relations und Content Marketing Ihnen helfen, Ihre Bemühungen in diesem dynamischen Bereich zu steuern.

Ressourcen für Content Marketing

Lassen Sie uns dieses Buch mit einer Liste von Ressourcen abschließen, die Sie für Ihr Content Marketing nutzen können.

Bringen Sie Ihre Website zum Laufen

https://wpengine.com/ - Wpengine ist eine der besten Optionen für Webhosting und bietet einen hervorragenden Kundensupport. Das einfach zu verwaltende WordPress ist ideal für Anfänger.

https://www.bluehost.com/ - Eine weitere großartige Option für Webhosting, bluehost bietet ebenfalls großartige Sicherheit und Kundenbetreuung.

https://hostpress.de/ - Hostpress ist ein großartiges Tool für die Erstellung und Verwaltung Ihrer eigenen Website. Mit zahlreichen Anpassungsmöglichkeiten und einer benutzerfreundlichen Oberfläche ist es die perfekte Wahl für Anfänger, die mit Content Marketing beginnen möchten.

Suchmaschinen-Optimierung (SEO)

https://ahrefs.com - Ahrefs ist ein SEO-Tool, das Ihnen bei der Optimierung Ihrer Website und Ihrer Inhalte für Suchmaschinen helfen kann.

https://semrush.com - Semrush ist ein weiteres großartiges Tool für die Optimierung Ihrer Website und Ihrer Inhalte für Suchmaschinen. Es konzentriert sich auf die Analyse von Wettbewerbern und die Recherche von Schlüsselwörtern und ist die perfekte Wahl für Marketer, die ihre SEO-Strategien verbessern möchten.

https://yoast.com/ - Yoast ist ein beliebtes Tool für die Verwaltung der SEO Ihrer Website. Egal, ob Sie SEO-Neuling oder erfahrener Profi sind, Yoast bietet eine Vielzahl von Funktionen, mit denen Sie das Beste aus den Inhalten Ihrer Website herausholen können.

https://moz.com - Moz bietet eine Reihe von kostenlosen und kostenpflichtigen SEO-Tools, dic Ihnen helfen, Ihre Online-Präsenz zu verbessern und Ihre Suchergebnisse zu steigern.

Ihre E-Mail-Marketingliste

https://mailchimp.com/ - Mailchimp ist eine der beliebtesten E-Mail-Marketingplattformen mit leistungsstarken Tools für die Verwaltung Ihrer Abonnentenliste und den Versand gezielter Kampagnen. Egal, ob Sie ein Neuling im E-Mail-Marketing oder ein erfahrener Profi sind, Mailchimp macht es Ihnen leicht, Ihre E-Mail-Marketingkampagnen zu erstellen und zu optimieren.

https://constantcontact.com/ - Constant Contact ist eine weitere beliebte E-Mail-Marketingplattform, bei der der Schwerpunkt auf Einfachheit und Benutzerfreundlichkeit liegt. Mit großartigen Vorlagen und einer einfachen Integration in andere Tools und Plattformen ist es die ideale Wahl für Marketingexperten, die ihre E-Mail-Marketingstrategie verbessern möchten.

https://getresponse.com/ - GetResponse ist eine All-in-One E-Mail-Marketingplattform, die leistungsstarke Tools für den Aufbau und die Verwaltung Ihrer Abonnentenliste bietet. Mit dem Schwerpunkt auf Analyse, Automatisierung und Personalisierung ist es die perfekte Wahl für Marketingfachleute, die ihre E-Mail-Marketingbemühungen auf die nächste Stufe heben möchten.

https://cleverreach.com/ - CleverReach ist eine beliebte E-Mail-Marketingplattform, mit der Sie ganz einfach gezielte Kampagnen erstellen und versenden können. Und sie wird vollständig in Deutschland gehostet. Egal, ob Sie gerade erst mit dem E-Mail-Marketing beginnen oder ein fortschrittliches Tool suchen, das Ihnen hilft, Ihre Liste zu vergrößern, CleverReach bietet alles, was Sie für Ihren Erfolg brauchen.

https://www.activecampaign.com/ - ActiveCampaign ist eine All-in-One-E-Mail-Marketingplattform, die sich auf Automatisierung und Analyse konzentriert. Mit leistungsstarken Funktionen für den Aufbau Ihrer Abonnentenliste, die Durchführung zielgerichteter Kampagnen und die Messung der Ergebnisse ist es eine gute Wahl für Marketingspezialisten, die ihre E-Mail-Marketingbemühungen verbessern möchten.

https://convertkit.com/ - ConvertKit ist eine E-Mail-Marketingplattform, die leistungsstarke Tools für die Erweiterung Ihrer Abonnentenliste und die Steigerung der Kundenbindung bietet. Mit dem Schwerpunkt auf Einfachheit und Flexibilität ist es die perfekte Wahl für Marketer, die ihre bestehenden Kampagnen verwalten oder neue Kampagnen starten möchten.

Andere Content Marketing Tools

https://www.canva.com/ - Canva ist ein großartiges Tool für die Erstellung von Grafiken und anderen visuellen Elementen für Ihr Content Marketing. Es hat eine einfache Benutzeroberfläche, so dass auch Anfänger damit schnell und einfach professionell aussehende Designs erstellen können.

https://www.hootsuite.com/ - Hootsuite ist ein hervorragendes Tool zur Verwaltung sozialer Medien, mit dem Sie ganz einfach Beiträge planen, Analysen verfolgen und vieles mehr. Egal, ob Sie gerade erst mit dem Social Media Marketing beginnen oder nach einer Möglichkeit suchen, Ihre Bemühungen zu rationalisieren, Hootsuite ist eine gute Wahl.

https://www.ubersuggest.org/ - Ubersuggest ist ein kostenloses Tool zur Recherche von Schlüsselwörtern, das Ihnen helfen kann, die richtigen Schlüsselwörter für Ihr Content Marketing zu finden. Es ist einfach zu bedienen und bietet eine Fülle von Informationen, so dass es sowohl für Anfänger als auch für erfahrene Marketingexperten eine gute Wahl ist.

https://www.bufferapp.com/ - Buffer ist ein beliebtes Tool zur Verwaltung sozialer Medien, mit dem Sie ganz einfach Beiträge für Ihre verschiedenen Konten in sozialen Medien planen können. Es bietet auch Analysen und andere Funktionen und ist damit eine gute Wahl für Marken, die ihre Content-Marketing-Bemühungen rationalisieren möchten.

https://www.quuu.co/ - Quuu ist ein Content-Promotion-Tool, mit dem Sie mehr Aufmerksamkeit und Engagement für Ihre Inhalte erzielen können, indem Sie Follower in den sozialen

Medien vorschlagen und Ihre Inhalte mit ihnen teilen. Es ist eine ausgezeichnete Wahl für Marken, die ihre Content-Marketing-Bemühungen ausbauen und mehr Nutzen aus den von ihnen erstellten Inhalten ziehen möchten.

https://wordcounter.net/ - WordCounter ist ein kostenloses Online-Tool, mit dem Sie Ihre Texte schnell auf Fehler überprüfen und Ihre Grammatik, Rechtschreibung und vieles mehr verbessern können. Egal, ob Sie gerade erst mit dem Schreiben von Inhalten beginnen oder bereits ein erfahrener Autor sind, WordCounter ist eine gute Wahl.

https://www.grammarly.com/ - Grammarly ist ein weiteres hervorragendes Online-Tool, das Ihnen hilft, Ihre Texte zu verbessern, indem es Fehler identifiziert und Ihnen Vorschläge zur Verbesserung Ihres Textes macht. Ob Sie nun ein Anfänger oder ein erfahrener Autor sind, Grammarly ist eine gute Wahl für jeden, der seine Texte verbessern möchte.